AF224914

ÉLOGE

DE

S. A. ROYALE. MONSEIGNEUR

LE DUC DE BERRY.

A l'Armée.

PAR M. PAGEZY DE BOURDELIAC,

CAPITAINE AU CORPS ROYAL D'ÉTAT-MAJOR.

> « Les indifférens même pleureront
> » Germanicus (TACITE, ann. liv. II). »

A MONTPELLIER,

Chez M.me V.e PICOT, née FONTENAY, seul imprimeur
du Roi.

JUILLET 1820.

ÉLOGE

DE

S. A. ROYALE MONSEIGNEUR

LE DUC DE BERRY.

Si la perte d'un grand homme est un sujet de deuil pour la patrie, quelle n'est pas sa profonde douleur, alors que dans celui-ci elle déplore un grand Prince, enlevé par un de ces coups terribles, contre lesquels et son amour et les soins de la fortune sont toujours impuissans! Ainsi, à peine les envoyés de la Syrie eurent-ils annoncé à Rome la mort de Germanicus, que les chants de victoire cessent au Capitole, et que la solennité de la douleur succède à la solennité des triomphes. Rien ne peut, cette fois, étouffer le cri de l'indignation publique; il a retenti au loin sur tout l'empire ; aussitôt l'encens brûle sur les autels des Dieux, la Justice abandonne ses temples, et le peuple, paraissant oublier dans ses regrets emportés le souverain qu'ils importunent (1), le peuple accourt de toute part, il suit dans un pieux silence les cendres inanimées du héros qu'il a perdu ; et en pleurant sur la tombe de la victime, il montre à la postérité quelle est la main qui l'a seule frappée. Le temps n'a point attiédi ce noble élan pour la vertu ; une grande nation n'a point démérité de l'héritage du grand peuple. Moderne rivale de tant d'honneur et de tant de gloire, elle a, comme lui, toujours confondu l'amour du Prince avec celui de la Patrie. Eh, qui ne retrouvera dans la mort prématurée du fils des Césars, comme dans les vertus de sa vie, la vie et la mort du héros, objet éternel de nos regrets ! Que dis-je ; elle n'est encore, cette mort, qu'une faible image de celle qui vient de frapper la tige antique de nos Rois, et de rendre stérile son plus fertile rameau ! Ici le trône a ses larmes comme la cité et la chaumière ; ici celles du guerrier se mêlent à celles du citoyen ; ici la douleur est partout, mais la complicité nulle part....: Un homme seul !!!.... Oui, hâtons-nous de le dire, car c'est le premier besoin de nos cœurs ; la France est pure de tant de forfaits : couverte plus d'une fois d'un voile funèbre, par des mains parricides, le monde sait si elle regretta son Henri (2) ! Si de nos temps on commanda son silence ! Si l'on

***

(1) Tacite, ann., liv. II.

(2) Henri IV, assassiné par Ravaillac.

craignit d'interroger sa volonté (1)! Elle frémit d'être impuissante au jour du grand sacrifice (2); et on la sentit frémir encore lorsque les fossés de Vincennes furent les muets témoins d'une impitoyable volonté (3)! Que le monde apprenne maintenant que, mère d'autant plus inconsolable, qu'une influence sinistre (4) semble attachée à ses amours, la France regrette à jamais, dans le dernier de ses enfans (5), et le ferme appui que lui promettait sa jeunesse, et le digne successeur de tant d'illustres aïeux, et ce bonheur qui naît de l'indépendance, ce bonheur qu'elle n'eût pas attendu en vain du Prince qui lui a consacré et son dernier soupir et sa dernière pensée (6)!

Soldat et citoyen (et ce double titre était cher à celui dont nous déplorons la perte), j'entends les vœux de la Patrie, je connais un double devoir; et à l'exemple de ces temps antiques, où la tombe des grands capitaines était couverte des dons offerts à leur courage, et retentissait de leurs éloges, je viens déposer mon faible tribut sur

____

(1) L'appel au peuple après la condamnation de Louis XVI.

(2) Mort de Louis XVI.

(3) Mort du duc d'Enghin.

(4) *Breves et infaulos populi romani amores* (Tacit., annal., liv. II, § 41).

(5) M.gr le duc de Berry était le second *fils de France.*

(6) *O France! ô ma patrie!* s'écria M.gr le duc de Berry avant de mourir.

celle qui renferme à jamais une grande infortune !
Et, en ce moment, que ne puis-je, afin de
donner à ce discours toute la solennité que le
sujet mérite et que la douleur réclame ; que ne
puis-je retracer en présence de l'élite de la nation et les vertus et la sagesse de ce Prince, qui
trouvait toujours dans les besoins du peuple
une mine inépuisable de bienfaits, parce qu'il
avait dans son cœur une source inépuisable de
tendresse ; mais vous y seriez surtout, vous à qui
son héroïque valeur présageait de nouveaux jours
de gloire et de si brillantes destinées ! vous dont
il n'eût point trompé l'espérance, et qu'il a quit-
tés avec le regret de n'avoir pu s'associer à vos
triomphes (1) ! Oui, accourez, vaillante armée de
la France, pressez vos vieilles phalanges autour
de ce tombeau ; venez, guerriers de tous les rangs,
qu'il voyait avec la même affection, parce qu'il
voyait en vous le plus bel espoir de la Patrie ;
venez apprendre à bien vivre, mais surtout à
bien mourir. Soldats ! que la vertu vous soit aussi
chère que la gloire ; écoutez tous ce qu'était
Charles-Ferdinand : valeur héroïque, grandeur
d'ame, bonté, soumission, dévouement, vous

---

(1) M gr le duc de Berry était sur son lit de mort lorsqu'il
adressa à plusieurs maréchaux de France, qui l'entouraient,
ces paroles touchantes : « *Pourquoi n'ai-je pas trouvé la mort*
» *dans les combats, au milieu de vous !* »

retrouverez tout en lui. Un aussi bel exemple pourrait-il être perdu ? Non, soldats, vos cœurs généreux savent déjà m'entendre, et je vous vois couvrir de vos armes invincibles le trône des enfans de Saint-Louis.

———————●———————

Un règne (1), appelé par toutes les espérances, était à peine commencé, lorsqu'un nouveau rejeton (2) du sang de Henri vint ajouter encore à l'éclat du trône et au bonheur de la France : petit-fils de ce Louis dauphin [3] dont le peuple fut long-temps inconsolable, Monseigneur le duc de Berry montra, dès ses plus tendres années, qu'il saurait porter dignement l'héritage de tant de vertus. Un Gouverneur (3), plus fidèle ami que flatteur courtisan, sut faire germer dans le cœur du jeune prince toutes les qualités qui devaient

———————————————————

(1) Louis XVI.

(2) Charles-Ferdinand de France, duc de Berry, second fils de S. A. R. M.gr le comte d'Artois, naquit à Versailles le 24 janvier 1778.

« (3) La mort du Dauphin fut pour le peuple un coup
» aussi accablant que si elle avait été imprévue : au premier
» bruit de sa mort on s'assembla, pour le pleurer, autour de
» la statue de Henri IV ; et depuis ce temps, le peuple ne
» manqua point de venir confier ses peines et ses plaintes à
» l'image d'un Roi si chéri. »

(3) Le Duc de Sérent.

le faire chérir; l'amour du bien s'y confondit, en naissant, avec celui de la gloire; et dans ces temps où l'enfance ne cherche que des amusemens frivoles, Charles étonnait déjà par le tour heureux de ses pensées et la vivacité de son esprit (1). Doué d'une conception forte et d'une facilité habilement dirigée, on le voyait passer sans effort, de la culture des beaux arts aux études les plus sévères; ses jeunes mains étaient également familières à manier le crayon ou à diriger le compas (2); quelquefois aussi, elles savaient ralentir ou provoquer les mouvemens d'un coursier rapide. Et qui n'apercevait alors, dans les regards assurés du jeune Prince, que les périls seraient son élément, comme la valeur sa plus belle vertu!

Mais si le premier devoir de l'homme est d'étudier ses devoirs (3), si des principes que ceux-ci

---

(1) « On lut un jour au petit Prince, quelques scènes du » *Misanthrope.* Le lendemain, un des maîtres composa une » fable. La morale de cette fable était que M.gr le duc de » Berry ne se souvenait point de ses lectures. Le maître, ayant » fini, demanda à S. A. R. ce qu'elle pensait de ce morceau ; » l'enfant repartit brusquement :

» Franchement, il est bon à mettre au cabinet. »

(2) On sait qu'à l'âge de 10 ans il dessina, de souvenir, avec un talent remarquable, les ambassadeurs de Typoo-Saïb qu'il avait été visiter à Trianon.

(3) J.-J. Rousseau.

ont consacrés, naît d'abord le bonheur de la famille, et, par une chaîne insensible, celui de la société, quelles ne seront pas les obligations imposées à ceux que Dieu place à la tête des nations? Feront-ils ou leur honte ou leur gloire? A eux seuls appartient le choix; car c'est dans le cœur des monarques que repose le malheur comme la félicité des peuples. Quoique séparé de la suprême puissance par une brillante postérité (1), et ne paraissant destiné qu'au rôle modeste de sujet fidèle et de prince bienfaisant, le duc de Berry les avait comprises, ces obligations, avant que les fils de tant de Rois, disparaissant dans une tempête, lui eussent aplani le chemin du trône, et que son ame eût été éprouvée par de nobles adversités. Pénétré du besoin de la vérité, et en garde contre les erreurs qu'il avait à craindre, il travailla sans relâche à écarter le voile dont son rang paraissait l'envelopper. Trouvant, dans ce qu'il devait aux sciences, la nécessité de leur demander encore, malgré sa vivacité, son bonheur était dans l'étude, et ses plaisirs dans l'accomplissement de ses devoirs. Enfin, élevé loin de la Cour (2), la

----

(1) Louis XVI, jeune encore; S. M. Louis XVIII; *Monsieur* et le duc d'Angoulême.

(2) Le château de Beauregard fut désigné par *Monsieur*, pour être la demeure de ses deux fils pendant tout le temps consacré à leur éducation : des hommes savans et recomman-

flatterie et l'orgueil, vil et dangereux cortége des grands, n'habitaient plus le palais du prince : la vertu seule y faisait entendre sa voix.

Vif, sensible et bon, comme le chef de sa race (1), il fut impétueux comme lui. Et ici, n'attendez pas que je cherche dans le silence une excuse que sa grande ombre viendrait démentir. Non, Prince, vous aimiez la vérité, et vos cendres l'entendront tout entière. Non, le sang des Bourbons n'était pas appauvri, Messieurs : noble héritier de tant de vaillans capitaines, il le fut aussi de cet esprit chevaleresque, toujours le mobile des grandes choses, comme il a toujours été l'amour des vrais Français et leur premier caractère. Nos pères l'avaient aimé dans le vainqueur de Marignan (2); nous l'admirons encore dans leur Henri : ses emportemens faisaient sa gloire. Que de mots arrachés à sa pétulence nous découvrent la bonté de son cœur. Et qui de vous, guerriers, ne voudrait courir à la mort, après avoir reçu, comme Schomberg (3), dans le sublime regret d'une offense,

---

dables, MM. de la Bourdonnaye, d'Arbouville et Guénée, secondaient M. le duc de Sérent dans cet emploi si difficile de préparer pour la nation des princes dignes d'elle.

(1) Henri IV.

(2) François I.er

(3) Le jour de la bataille d'Ivri, et avant de donner le signal, Henri IV s'approcha du colonnel Schomberg qu'il

un nouveau titre d'immortalité? Il en est ainsi de toutes les grandes ames. Si l'histoire était interrogée, elle vous parlerait de la colère de Trajan (1) et de la douceur de Tibère (2). Feindre est la science des tyrans, comme une âpre franchise est la nécessité des cœurs généreux. Ce fut celle de notre Charles : ses sensations s'échappaient avec la rapidité de sa pensée ; mais la réflexion amenait aussitôt le repentir qu'un bienfait rendait plus touchant encore ; semblable à ces fleuves dont les cours impétueux s'irritent et grondent autour des obstacles qu'ils rencontrent, et qui, cependant, rendus à la liberté, fertilisent de leurs eaux les plaines qui forment leurs rivages.

Mais à peine Charles-Ferdinand faisait-il admirer sa jeunesse par la rapidité de ses progrès ; à peine

---

avait offensé la veille, par quelques paroles un peu dures, et lui dit : « *Colonel, nous voilà dans l'occasion ; il peut se* » *faire que j'y meure ; il n'est pas juste que j'emporte l'honneur* » *d'un brave gentilhomme comme vous : je déclare donc que* » *je vous reconnais pour un homme de bien, et incapable de* » *faire une lâcheté! Ah! Sire*, répondit Schomberg, qu'il » tenait embrassé, *V. M. m'avait blessé hier ; mais par l'honneur* » *qu'elle me fait aujourd'hui, elle me tue : on n'a pas trop* » *d'une vie à donner à un tel Roi.* » Schomberg teint parole ; il périt dans le combat.

(1) Plutarque.
(2) Tacite.

le développement de sa raison montrait-il tout ce qu'on pouvait en attendre, quand la force de la nature aurait secondé celle de ses facultés, que les soins de son éducation furent suspendus par une de ces catastrophes qui ne laissent jamais aux nations que les regrets du passé et la cruelle in-certitude de l'avenir. Depuis long-temps l'ordre social, qui, comme le monde physique, a ses élé-mens de destruction, éprouvait de sourds ébran-lemens. Les commotions données par un grand règne (1), les faiblesses du règne suivant, la honte de nos armes (2), cachée vainement par quelques trophées (3), avaient jeté dans la nation un esprit de mécontentement et de malaise, dont nous de-vions recueillir le funeste héritage. Une généra-tion d'hommes de talens et de génie venait de marquer une nouvelle époque (4). L'esprit porté vers l'intrigue ne l'était plus vers la gloire; et tandis que l'école moderne marchait à l'indépen-dance, d'autres corps (5), non moins redoutables à la couronne, cherchaient, dans les abus de

---

(1) Louis XIV.

(2) La guerre de sept ans.

(3) Les batailles de Fontenoi, de Laufeld, de Clostercamp, etc.

(4) Les philosophes.

(5) Louis XV écrivait à la duchesse de Choiseul : « J'ai eu
» bien de la peine à me tirer d'affaire avec les parlemens,
» pendant mon règne ; mais que mon petit-fils y prenne garde,
» il pourrait bien mettre sa couronne en danger. »

leurs prérogatives, la force nécessaire à leur témé-
raire ambition. Ainsi se préparait depuis long-temps
cette dissolution sociale, de laquelle un ministre (1) imprudent parut d'abord se jouer : tantôt
se servant de la religion contre la philosophie, et
tantôt conjurant la philosophie contre la religion.
Misérables moyens, que ceux de cette politique
chancelante, pour une nation qu'il fallait maî-
triser par la confiance, au lieu d'exciter ses alarmes ou de provoquer ses excès. Le mal allait crois-
sant avec l'incertitude : bientôt un homme (2),
né sous Louis XIV, oubliant de fières leçons,
fait rétrograder le pouvoir (3), et trace ainsi à son
malheureux élève (4) le chemin des abîmes.
Nourri de tous les rêves des novateurs, le Gou-
vernēment voulut régner par les principes, dans
ce temps où la religion était déjà sans empire
et la royauté sans vigueur. Conseillers perfides,
pour un Roi, que ces flatteuses illusions de la
philanthropie, qu'une longue succession de coups
de foudre devait bien vite dissiper ! Enfin, frappé

---

(1) Le duc de Choiseul.

(2) Maurepas.

(3) Le rappel des parlemens : « Les parlemens, plus con-
» vaincus de leur force par leur rappel même, résistèrent cons-
» tamment aux ministres de Louis XVI, jusqu'au moment où
» ils aperçurent que leur propre existence était compromise. »
(Staël).

(4) Louis XVI.

d'aveuglement, l'on ose rechercher par-delà l'O-
céan l'alliance d'une colonie (1), qui brise ses chaînes, et la révoultion paraît.

Précédée des accens de la liberté, mais suivie
par ceux de la licence, ses premiers pas annon-
cèrent ce que l'anarchie pouvait en attendre,
et tout ce que le trône avait à redouter. La lutte
ne fut pas longue : le jour où un moderne Grac-
chus fit entendre avec impunité d'insolentes paroles (2), fut le dernier jour de la Majesté Royale ;
le sceptre qui ne sut pas frapper, fut avili, et le
crime osa déployer ses bannières : des joies féro-
ces, des cadavres lâchement insultés (3), des têtes
élevées sur des piques, des murs surpris à la
confiance, et renversés par le délire (4), signa-

---

(1) « La révolution d'Amérique, dont les Français furent
» les instigateurs, les passionna pour les institutions et les
» formes de la liberté ! *Les principes de la monarchie ne per-*
» *mettaient pas d'encourager ce qui devait être considéré*
» *comme une révolte, d'après ces mêmes principes.* » (La-
cretelle).

(2) Le 23 juin 1789, le grand-maître des cérémonies ayant
été envoyé à l'assemblée nationale pour lui ordonner, de la
part du Roi, de se dissoudre, le comte de Mirabeau répondit :
« Allez dire à ceux qui vous envoient, que nous sommes ici
» par la volonté du peuple, et que nous n'en sortirons que
» par la puissance des baïonnettes. »

(3) Ceux de MM. Foulon et Berthier, les deux premières
victimes du fanatisme révolutionnaire.

(4) M. de Launay était gouverneur de la Bastille, on le

lèrent bientôt et les périls du trône et les dangers de ses amis. L'avenir n'est plus un mystère ; il
se déroule avec toutes ses horreurs : les galeries de
Versailles (1), les cours des Tuileries (2) se montrent empreintes du sang de la fidélité. Encore
quelques instans, et les portes du temple (3) vont
se refermer sur la royale famille, pour ne s'ouvrir
qu'à l'appel de la mort ! Mais Dieu veille sur de
grandes destinées ; les vœux de la France sont
entendus : le Monarque infortuné, dont l'esprit
était sans méfiance, parce qu'il avait le cœur sans
reproche, voulut du moins assurer à ses enfans
un asile qu'il ne crut pas devoir partager. M. le
duc de Sérent reçut l'ordre (4) de S. M., d'ac-
compagner à Turin LL. AA. RR. (5). Ainsi allaient
sur d'autres bords croître et fleurir ces jeunes lis,
objets de nos regrets et de nos espérances ! Et
cependant, ni les hauteurs des Alpes, ni la profondeur des fleuves ne peuvent leur offrir un
impénétrable abri. La tempête révolutionnaire leur

---

somma de la rendre : il l'accorde ; mais le peuple fait peu
compte du droit des gens : M. de Launay fut assassiné et la
Bastille détruite.

(1) Journées des 5 et 6 octobre.

(2) 10 août.

(3) Prison où fut conduit Louis XVI.

(4) Le 13 juillet 1789.

(5) M.gr le duc d'Angoulême et M.gr le duc de Berry.

réservait encore plus d'un jour d'orage sur cette Europe où les Rois perdirent toute leur dignité, quand ils purent oublier tout ce qu'ils devaient à d'augustes malheurs.

Une nouvelle vie venait de commencer pour les deux fils de France : l'adversité leur ouvrait ses voies; mais les paroles d'un autre mentor (1) avaient affermi leurs jeunes cœurs : *il ne leur restait plus que d'être de grands hommes* (2), et cette tâche, vous le savez, Messieurs, ils ont su la remplir. Les révolutions sont les épreuves des Princes, comme les chances du bonheur sont celles du simple citoyen. Quand l'équilibre se perd entre le souverain et les sujets, les illusions se dissipent; l'homme reste seul, et il est jugé. Nous avons pu juger les Bourbons alors qu'ils n'étaient riches que d'infortunes, et le poignard de Louvel nous a montré si l'éclat du trône était nécessaire pour relever tant d'héroïques vertus!

Reçu par son aïeul avec tendresse, Charles ne tarda pas à charmer la Cour de Turin par le brillant de son esprit (3), comme son auguste

---

(1) M. le duc de Sérent.

(2) Paroles adressées aux princes par M. le duc de Sérent, lorsqu'ils eurent dépassé les frontières de France.

(3) Le Roi de Sardaigne avait promis de donner, le premier jour de l'an, des étrennes à Charles. L'époque désirée étant passée, et rien n'ayant paru, il dit au Roi : « *Grand*

frère savait l'étonner par la profondeur de sa
raison. Le plan d'éducation tracé par M. le duc
de Sérent au temps de la prospérité, fut suivi
avec persévérance et approprié au temps du malheur. L'histoire de la patrie, si féconde en beaux
souvenirs et en grands exemples, montra aux
descendans de Charles VII, aux petits-fils d'Henri
IV, tout ce que cette patrie attendait d'eux. Nés
pour la guerre, quoique Princes bons et paci-
fiques, car la valeur et la gloire appartiennent
au sang de nos Rois, ce sont encore les annales
de la France qui vont servir de guide à ses nobles enfans, dans l'étude de cet art si cruel, et
cependant si nécessaire. Ne pouvant plus parcourir
les brillans champs de bataille de Condé, ou suivre les marches savantes de Turenne, c'est des

---

» *papa, vous avez bien peu de mémoire ?* » *Pourquoi ?* répliqua S. M. Le jeune prince sentant aussitôt l'inconvenance de
sa demande, répondit avec beaucoup de finesse : « *C'est que*
» *vous ne vous rappelez jamais aucune de mes sottises.* »

Quel tour heureux de pensée ne remarque-t-on pas dans
cette lettre à M.ᵐᵉ de Sérent, qu'il félicite de son heureux
accouchement : « Madame, je vous félicite de la naissance de
» M.ˡˡᵉ Georgine. Elle aura sans doute toutes les vertus de
» ses respectables parens; mais si la fée, qui l'a douée de
» toutes ces qualités, ne lui épargne pas la paresse, n'en
» soyez point affligée, Madame; je sais par expérience qu'a-
» vec ce défaut-là, on peut vous aimer beaucoup. »

exploits des Catinat, des Villars et des Vendôme
qu'ils forment leurs leçons, sur ces rives du Pô,
témoins de leurs nombreux triomphes. S'ils appren-
nent de ceux-ci la science des grands capitaines,
un Prince de leur race doit leur donner le plus
bel exemple des vertus guerrières qui forment
les héros : François I.er est rappelé à leur mémoire;
aussi grand au jour de l'adversité, que valeureux
au jour de victoire; dormant sur l'affût d'un canon, à cinquante pas des ennemis (1); enfonçant
à lui seul de vieilles phalanges; laissant Bayard et
les siens loin de lui, et trouvant, même dans
une défaite (2), plus de renommée que le vainqueur. Enfin, ce fut sur ces bords, où les trophées de nos légions semblent détruire tous les
prestiges d'une antiquité fabuleuse, que LL. AA.
RR. furent élevées, comme devaient l'être les
petits-fils du vaillant et bon Béarnais. Hommes,
et destinés à commander aux hommes, ils vou-
lurent ne pouvoir jamais être injustes; ils apprirent à obéir. Placés par leur oncle dans un régiment d'artillerie, comme simples soldats, ils
parcoururent progressivement tous les grades jusqu'à celui de capitaine. Rien n'échappait à leur mémoire : les détails les plus minutieux étaient saisis

---

(1) A la journée de Marignan.
(2) A la bataille de Pavie.

avec autant d'empressement qu'une manœuvre habile; et l'on aurait cru, en les voyant remplir tous leurs devoirs avec une aussi grande exactitude, que le zèle et le mérite devaient seuls marquer la fortune des deux illustres chevaliers français.

Mais tandis que M.ᵍʳ le duc de Berry perfectionnait par l'étude les faciles dispositions de son esprit, la révolution marchait à grands pas vers l'empire du désordre. Si Rome n'avait compté qu'un Marius, et César que quelques vils assassins, l'antique Lutèce devait offrir un bien autre exemple. Sur les débris de la société venaient de s'élever des hommes pervers et des institutions éphémères; en vain quelques paroles de consolation s'échappaient encore du trône; sa bonté accélérait sa chute; le Louvre frémissait de ses gardes, et la volonté du Monarque rendait malheureusement inutile le courage de la fidélité. Cependant la noblesse de France, esclave de ses sermens, et menacée par les proscriptions, chercha à finir comme elle avait commencé; en servant le Roi et la Patrie. Trouvant la patrie et le Roi partout où l'on peut les défendre, elle fut se réunir au panache de Henri, qui flottait dans d'autres climats. Mais n'entends-je pas s'élever des voix accusatrices? Serait-ce donc un si grand crime que d'avoir partagé le malheur? Les compagnons du vieux Condé ne seraient-ils pas tous aussi français que les compagnons d'un despote (1)! Soyons justes pour tous, puisque la postérité le sera. Honorons le dévouement ; il doit être pour les Souverains la première des garanties. Mais, je le demande à la loyauté de la pensée, de quelque couleur qu'elle aime à se revêtir, que pouvait-on exiger? et quels succès pouvaient se promettre quelques milliers de familles dispersées sur la surface d'un grand royaume, quand, pour prix de leurs sacrifices, des bandes forcenées allaient brûlant leurs vieux manoirs? Dispersée, la noblesse ne pouvait attendre qu'une mort inutile; réunie, et apparaissant sur un des points de la république naissante, c'était un tout autre espoir qui pouvait lui être promis: Condé, plantant son drapeau sur les champs de Rocroi, eût trouvé de nombreux soldats pour combattre la tyrannie. Les Français d'alors n'étaient-ils pas, comme ceux d'aujourd'hui, amis du trône sans esclavage, et de ses princes légitimes ! Faudrait-il donc juger d'une nation par les excès de quelques factieux ? Catilina ne compta-t-il pas de complices, Sylla des admirateurs, et les Romains n'en conservèrent-ils pas une douloureuse mémoire ?

Mais le Dieu des batailles en avait autrement ordonné; il avait marqué le temps des rudes

---

(1) Lorsque Buonaparte fut conduit à l'île d'Elbe, des hommes dévoués l'y suivirent.

épreuves : le malheur voulut que l'Europe, en armes, vînt se mêler de nos querelles. Une coalition puissante se forma (1) pour la défense des principes, et toutefois, soumise aux calculs de la politique, ne marcha que pour l'ambition. Le sentiment de l'indépendance fit devancer (2) des projets qu'on cachait vainement sous un louable prétexte. Le souvenir de la Pologne ne rappelait que trop ce qu'on pouvait attendre des Germains, pour la restauration du trône et les libertés nationales ! Ce fut aux cris de la patrie menacée, qu'un peuple, avide d'émotions nouvelles, entendit les premiers bruits de guerre. Réveillée par la fierté de son caractère, la France entière agita ses armes à la voix de l'oppression ; menaçante, elle accourut se placer sur ses frontières, et, pour la première fois, le Rhin étonné sépara des camps ennemis, où l'on entendait le même langage, où se déployait la même valeur. Que dis-je ? l'honneur y fut aussi par égale part ; c'est dans l'armée de la nation qu'il se réfugia au temps de nos calamités publiques, et qu'à chaque cri de douleur

---

(1) Le traité de Pilnitz (1791), entre les princes les plus puissans de l'empire germanique, avait pour premier motif, de s'opposer à la révolution de 1789, qui sapait les droits de souveraineté chez toutes les nations.

(2) Le 20 avril 1791, le gouvernement français déclara la guerre à l'Allemagne, et prit ainsi l'initiative des mouvemens.

de la patrie, il répondait par un chant de triomphe.

Les plaines de la Champagne furent les témoins des premiers combats ; et c'est où se montrèrent les premiers périls, que nous devons retrouver nos princes. M.gr le duc de Berry, impatient de les partager (1), imposa silence à toutes ses douleurs (2), pour n'écouter que la gloire. Plein du souvenir de ses aïeux, il se rappelait qu'à un âge tendre encore, Bourbon et Condé avaient maîtrisé la victoire, et son jeune cœur brûlait du désir de les imiter. Il n'était pas une reconnais-

------

(1) Il écrivait à son illustre père :

Turin, le 15 août 1791.

« Avec quel plaisir nous avons appris la lettre du régi-
» ment de Berwick, et votre réponse, ainsi que celle de
» *Monsieur !* Ah ! que ne suis-je près de vous ! Je voudrais
» bien voir ces bons soldats, et me battre avec eux ; je leur
» dirais, comme notre Henri : *Camarades, si dans la chaleur*
» *du combat, vous perdez vos drapeaux, ralliez-vous à mon*
» *panache blanc, qui ne sera jamais qu'au chemin de l'hon-*
» *neur.* Cette pensée m'a fait bouillir le sang dans les veines.
» Marchons, mon cher papa, pour rendre la liberté à notre
» malheureux Roi. Trente-deux officiers du régiment de Vexin
» sont arrivés à Nice, remplis de zèle et de courage ; je n'en
» manque pas non plus, et suis prêt à me bien battre. »

(2) Lorsque le Prince obtint la permission, si vivement sollicitée, de se rendre en Champagne, il était fort souffrant ; rien ne put cependant retarder son départ. Ce fut au bruit du canon qu'il retrouva la santé.

sance aventureuse dont il ne fît partie, une position difficile qu'il n'occupât le premier. Une place est-elle assiégée (1)? il en suit tous les travaux : la périlleuse application de la science des Vauban a pour lui un attrait que le danger paraît augmenter encore ; on le voit à la tranchée, aux batteries, aux attaques, se multipliant sur tous les points, regrettant de ne pouvoir partager tous les périls (2); et à l'air familier avec lequel il les considère, on l'eût pris pour un vieux capitaine : et cependant, soldats français, ce vieux capitaine n'avait alors que quinze ans !

Secondés d'une force auxiliaire redoutable, et parcourant un pays dont l'anarchie favorisait la conquête, nos princes marchaient avec confiance à la délivrance du Roi martyr, quand on vit pour la première fois, en de telles circonstances, une armée victorieuse s'arrêter dans sa marche, et reculer devant les vaincus (3). Funeste résolution qui préparait tant d'orages ! Mélange inconcevable de l'ambition et de l'honneur ! Il fallut abandonner encore la terre natale ! Mais

---

(1) Thionville.

(2) Les troupes bretonnes étant sur les points d'attaquer les plus avancés, il disait : « *Je voudrais bien être Breton, pour* » *voir de plus près l'ennemi.* »

(3) Retraite des Prussiens en Champagne, en 1792.

l'histoire dira si ce fut la fortune ou la loyauté qui alors déserta du camp ennemi.

Toutefois, une nouvelle adversité fut, pour Monseigneur, une épreuve nouvelle dont on aime à le voir triompher. Rendu à la vie privée (1) par des ordres peu dignes de la majesté des trônes et dont nous ressentons l'injure, S. A. R. consacra à l'étude du noble métier des armes le temps que la politique enlevait à son courage. Si ses jours furent comptés, du moins ils ne sont pas perdus pour l'avenir ; et il remplit tous ses devoirs comme il saura plus tard accomplir sa malheureuse destinée. Doué d'une imagination brûlante, sa belle ame s'indignait d'un repos que le souvenir du péril vient lui rendre plus pénible encore : un Roi bien aimé (2) disparaît de la terre, et il ne peut le venger ! Berstheim (3) voit croître des lauriers dont il ne peut couronner sa tête ! Ses compagnons d'infortune affrontent des dangers dont il ne peut partager l'honneur !

------

(1) Après la campagne de 1792, ce fut en vain que les Princes sollicitèrent de rejoindre l'armée de Condé. Cette faveur périlleuse ne leur fut accordée que deux ans plus tard. Jusqu'en 1794 ils restèrent au château de Ham. Les étrangers craignaient que la France ne retrouvât trop tôt le bonheur.

(2) Mort de Louis XVI.

(3) Journée célèbre, où les trois Condé ajoutèrent encore à leur réputation de vaillance.

Tels sont les sentimens qui animent ce cœur généreux, et qui seraient assez pour sa gloire. Mais enfin, la politique suspend sa tyrannie, les murs de Ham n'offensent plus la liberté des enfans des Rois; Charles est rendu à ses valeureux penchans (1). L'armée de Condé connut ses joies (2) et le reçut comme sa plus belle espérance. Trois générations de héros l'attendaient pour lui obéir et l'instruire : Condé, aussi brillant vers son déclin qu'aux jours de Minden et de Johannesberg ; Bourbon, digne émule d'un si brillant courage; et d'Enghien, qui, jeune encore, venait de rappeler aux lignes de Weissembourg tous les prodiges du jeune vainqueur de Rocroi. Mais c'est surtout dans ce dernier prince du sang des braves, que M.gr le duc de Berry trouva le

---

(1) Ce fut en juin 1794 que M.gr le duc de Berry obtint la permission de joindre l'armée de Condé. Mgr. le comte d'Artois et M.gr le duc d'Angoulême se rendirent, à la même époque, au corps d'émigrés qui était en Hollande.

(2) Le prince écrivait à son digne général :

Ham, le 27 juin 1794.

« Monsieur mon cousin, je ne puis vous exprimer la joie » que j'ai éprouvée, lorsque mon père m'a annoncé que » j'allais servir sous vos ordres. J'ai une grande impatience » de vous voir, ainsi que tous les braves gentilshommes que » vous commandez. Je suis gentilhomme comme eux; c'est » un titre dont je m'honore, et j'espère que vous trouverez » en moi la même soumission et surtout le même zèle. »

bel exemple de ces vertus militaires qu'il devait
si bien pratiquer. Frères d'armes et d'infortune,
ils le furent aussi par l'amitié la plus tendre; les
douces affections de l'ame faisaient naître une
rivalité de valeur ; les périls furent partagés
comme la gloire, tant que les périls purent être
conjurés !..... O vaillant Prince dont la France
déplore encore la perte! vous qui aviez précédé
Berry dans les combats, comme vous l'avez de-
vancé dans la tombe, vos cendres auront tres-
sailli aux pleurs qu'a fait couler sa fin tragique!
Ah ! ranimez vos restes chéris, dispersés par la
trahison; soulevez la pierre modeste qui les cou-
vre, et que cette voix, si familière au champ
d'honneur et si chère à tous les partis (1), rappelle à nos légions tout ce que le fer d'un per-
fide vient d'enlever à leur amour. Qu'elles voient
Charles de France emportant des retranchemens,
où il plante le premier le fer de son épée (2); ici,

---

(1) Le bruit de la bravoure et des talens de M.gr le duc
d'Enghien, s'était répandu dans l'armée républicaine, et le
prince céda plusieurs fois au désir que les militaires de cette
armée témoignaient de le connaître personnellement; ils restèrent toujours découverts devant lui. Cet empressement et
ce respect font l'éloge de ces militaires, qui étaient alors sous
les ordres du général Moreau. Les braves s'entendent et s'ho-
norent mutuellement.

(2) A l'attaque des redoutes de Waldau et S.t-Mergen.

servant à la tranchée comme un simple officier (1), pénétrant dans les bois de Kamlach, où l'on se dispute le terrain corps à corps, et où les prodiges sont réciproques, car ce sont des Français qui combattent des Français (2); plus loin, soutenant (3) avec Condé une retraite calculée par l'ignorance (4), et attaquée par un guerrier célèbre (5); là, aussi rapide que l'éclair, traversant le village de Steinstad, au milieu d'un feu terrible, et bravant, mille fois dans cette journée, une mort qui l'entoure de ses ravages (6); renouvelant au pont d'Huningue ce qu'il avait fait à Steinstad (7); défendant une capitale étrangère (8), qui

---

(1) A Offenbourg, d'où il écrivait qu'il entendait *siffler force boulets, obus et mitraille.*

(2) Plus de cinq cents gentilshommes restèrent sur le champ de bataille.

(3) Aux affaires de Guinselfeld et de Biberac.

(4) Le général autrichien Latour, qui, même d'après l'opinion de l'archiduc Charles, avait toute la bravoure d'un soldat, mais peu de capacité pour les grands mouvemens de la guerre.

(5) Moreau.

(6) C'est à Steinstad qu'un officier du génie, qui était à côté de M.gr le duc de Berry, fut emporté d'un coup de canon.

(7) Placé sur le revers de la tranchée pour examiner un ouvrage, le Prince ne remarque pas que deux pièces d'artillerie ont été dirigées sur le point où il se trouve, et n'est sauvé du boulet que par un gabion qui est renversé sur lui.

(8) Munich : la défense du pont dura 15 jours, et le Prince

ne résiste que parce qu'il la défend; enfin, ne laissant jamais perdre l'occasion, tant que l'occasion se présente, et donnant en tous lieux des preuves éclatantes de sa valeur.

Déjà capitaine expérimenté, et sachant profiter de l'exemple, il parcourt avec admiration les champs où triompha Turenne, et honore de ses regrets la place où tomba ce grand homme. Trouvant dans la mauvaise fortune un nouveau sujet d'instruction, aucun des mouvemens stratégiques de Moreau n'échappe à son avide sagacité. Des bords du Rhin aux rives de l'Iser, qu'il soit tour à tour repoussé ou vainqueur, il suit pas à pas les marches savantes du nouveau Fabius, connaît toutes les positions, prévoit tous les obstacles. Adoré de ses soldats, c'est dans les preuves réitérées de sa bonté (1), comme

---

ne cessa d'y donner des preuves de son intrépidité et de ses connaissances dans l'art de la guerre.

(1) Lorsque, le 1.er mai 1796, S. M. arriva à l'armée, le jeune Charles voulut consacrer, par la reconnaissance, cette époque mémorable, et sollicita la grâce de tous les prisonniers. Le Roi, touché de cette demande, fit donner à l'armée l'ordre du jour suivant :

« Le Roi, désirant que tous les individus qui composent » l'armée, partagent, sans restriction, le bonheur que sa pré-» sence procure à ses fidèles sujets, et dont S. M. jouit elle-» même, a bien voulu agréer la proposition que lui a faite » S. A. R. M.gr. le duc de Berry, de concert avec S. A. S.

dans une exacte discipline (1), que M.gr le duc de Berry fonde ses droits à leur estime. Trouvant plus noble d'offenser que de haïr (2), mais sachant réparer l'offense, on le voit oublier un instant son caractère sacré de Prince pour n'être plus que chevalier français (3). Regrettant sans cesse la patrie, avec quel noble dédain pour des ins-

---

» M.gr le prince de Condé, de faire sortir de prison et des
» arrêts tout officier, chasseur ou cavalier noble, et tout
» soldat, cavalier, dragon, hussard et chasseur qui s'y trou-
» veront.

» En conséquence, S. A. S. ordonne que toute punition
» cesse d'avoir son effet à la réception du présent ordre,
» exceptant néanmoins de cette disposition tous ceux de ces
» derniers, qui, à raison de quelques crimes ou délits graves,
» seraient dans le cas d'être poursuivis civilement ou militai-
» rement. »

(1) Strict observateur des lois de l'honneur, M.gr le duc de Berry exigeait que ses officiers ne laissassent jamais de dettes dans les cantonnemens qu'ils devaient quitter, et souvent S. A. R. vint, avec sa bourse, au secours de ces braves.

(2) Tacite, vie d'Agricola.

(3) Un jour ayant repris trop vivement M. le comte de L....., cet officier se permit quelques propos. Le lendemain, l'armée étant en marche, le jeune Prince prend à l'écart le comte de L..... et lui dit : « Monsieur, je crains de vous avoir offensé ;
» ici je ne suis point un prince, je suis un gentilhomme
» français comme vous ; me voici prêt à vous donner toutes
» les satisfactions que vous exigerez. » Il porte aussitôt la main
à son épée ; mais le comte de L..... embrasse ses genoux.

titutions étrangères ne savait-il pas l'exprimer (1)!
La patrie était tout pour notre Charles, comme
un jour Charles devait être tout pour elle;
comme il aimait à en retrouver l'emblème (2),
« *en n'entendant parler que des Français, en ne*
» *voyant que des cocardes blanches* sur la terre
» de l'exil. » Et n'était-ce pas pour cette *chère*
France qu'il désirait la gloire et d'honorables dangers (3)? Enfin, soldat ou général, on le voit

---

(1) Il écrivait au comte d'Autefort : « *Il faut aller prendre les*
» *grosses bottes et tout l'attirail d'un prussien, moi qui suis*
» *Français autant que possible !* »

(2) En se rappelant la fête de Ste-Cécile qu'il avait célébrée à
Mulheim, le prince écrivait à une dame de sa connaissance :
« *Nous oublions quelquefois que nous n'étions pas chez nous,*
» *en n'entendant parler que des Français, en ne voyant que*
» *des cocardes blanches.* »

(3) A la reprise des hostilités, en 1794, il écrivait : « *La*
» *guerre va recommencer, nous en serons, nous autres princes.*
» *Il faut espérer, pour l'honneur du corps, que quelqu'un de*
» *nous s'y fera tuer.* »

M.gr le duc de Berry étant momentanément absent de l'armée, mandait au prince de Condé : « *Enfin, Monsieur, mon*
» *frère est arrivé hier. Vous jugerez facilement de la joie que*
» *j'ai éprouvée en le revoyant. Ma joie est d'autant plus vive*
» *que mon retour à l'armée sera très-prompt ; nous ne devons*
» *rester que cinq ou six jours ici ; et nous ne perdrons pas de*
» *temps en chemin, pour revenir. Je fais bien des vœux pour*
» *qu'on ne tire pas des coups de fusils pendant mon absence ;*
» *mais que cette campagne, qu'on peut bien regarder, je crois,*
» *comme la dernière, soit active, je le désire vivement pour*

déployer partout une grandeur d'ame qu'on ne saurait retrouver qu'en lui.

Mais le temps arrivait qui devait reculer encore un bonheur tant de fois promis. Ingrate par caractère et ambitieuse par calcul, l'Allemagne ne craignit pas d'oublier la parole jurée (1); long-temps elle conserva la vie à ses soldats inhabiles, en sacrifiant des Français fidèles (2); et maintenant l'hospitalité achetée par la valeur lui est importune. Qui pourrait jamais le croire : un Roi de France à l'armée de Condé (3)! Le successeur infortuné du plus infortuné des monarques, devient plutôt un sujet de crainte, que l'objet d'une résolution généreuse. A la voix impérieuse d'une politique sans loyauté, Louis le Désiré s'éloigne. L'armée lève ses camps, et jetant un regard vers cet occident où elle abandonne l'espérance, elle va confier

---

» *mon instruction et pour mon frère, car je suis persuadé*
» *qu'il faut que les Bourbons se montrent, et beaucoup; et*
» *que, hors de France, ils doivent commencer par gagner*
» *l'estime des Français, avec leur amour.* »

(1) Ce fut d'après le traité de Leoben, conclu le 7 juin 1797, que l'Autriche ne conserva plus le corps de Condé.

(2) L'armée de Condé était toujours employée aux avant-postes.

(3) Après le 14 juin 1795, jour où l'on apprit au cantonnement de Steinstadt, la mort de Louis XVII, S. M. Louis XVIII *n'ayant plus d'asile, hors celui de l'honneur,* joignit l'armée de Condé : ce bonheur ne fut pas de longue durée.

à d'autres climats (1) ses mémorables infortunes. Les Français du nord (2) accueillirent avec bien-veillance ces débris d'une antique monarchie. Là, du moins, on n'insultait pas d'un sourire mo-queur aux misères du dévouement ; un empe-

---

(1) L'armée de Condé se rendit en Volhynie, où elle fut à la solde de l'empereur de Russie. Avant de quitter cette brave armée, M.gr le duc de Berry donna l'ordre du jour suivant :
« Après avoir été si long-temps au milieu et à la tête de la
» noblesse française, qui, toujours fidèle, toujours guidée
» par l'honneur, n'a pas cessé un instant de combattre pour
» le rétablissement de l'autel et du trône, il est bien affligeant
» pour moi d'être obligé de me séparer d'elle, dans le mo-
» ment surtout où elle donne encore une nouvelle preuve
» d'attachement à la cause qu'elle a embrassée, en préfé-
» rant abandonner ses biens et sa patrie plutôt que de jamais
» plier sa tête sous le joug républicain.

» Je vais rejoindre le Roi ; je ne lui parlerai pas du zèle,
» de l'activité et de l'attachement dont la noblesse française
» a donné tant de preuves dans le cours de cette guerre ;
» il connaît tous ses mérites et sait les apprécier. Je me
» bornerai à lui marquer le vif désir que j'ai et que j'aurai
» toujours de rejoindre mes braves compagnons d'armes, et
» je les prie d'être bien persuadés que, quelque distance
» qui me sépare d'eux, mon cœur leur sera éternellement
» attaché, et que je n'oublierai jamais les nombreux sacrifices
» qu'ils ont faits, et les vertus héroïques dont ils ont donné
» tant d'exemples. »

Signé, CHARLES-FERDINAND.

(2) Les Polonais.

reur (1) honorait son trône en honorant les dé-
fenseurs des mêmes intérêts. La voix de l'humanité, méconnue dans les murs de Vienne, se
faisait entendre aux rives du Boristhène; mais la
déloyauté est tôt ou tard punie; et il devait arriver le jour où, débordant comme un torrent,
des cohortes victorieuses devaient venger sur les
bords du Danube, les outrages de leurs vieux
compagnons.

Cependant, des ordres du Roi ayant fait quitter
l'armée à M.gr le duc de Berry (2), ce prince,
profitant de quelques instans de repos dus à
des trèves et surtout à l'intrigue, traversa rapide-
ment les mers pour aller revoir un tendre père(3):
ses joies furent vives, car l'on connaissait tout
son amour pour le modèle des chevaliers français; et toutefois au milieu de ce bonheur, une
pensée vient l'occuper et l'affliger sans cesse :
Que fait Condé? Que deviennent ses braves amis?
Sans doute ils souffrent encore! Et frappé de cette
réflexion pénible, il se reproche quelques journées passées sans privation, sans fatigue et surtout sans périls. De retour sur le continent, l'im-

____

(1) Paul I.ᵉʳ

(2) Au moment où l'armée partit pour la Volhynie, le
Prince se rendit à Blakembourg, où était le Roi.

(3) M.gr le comte d'Artois était alors en Écosse.

patience du Prince augmente ; Mittau (1) ne peut le retenir. La vie paisible de la Cour n'était, pour son ame guerrière, que la succession d'un temps perdu pour l'avenir et pour la gloire. Mais enfin, son cœur est satisfait : le Roi, qui sait approuver les nobles résolutions, comme il sait en donner l'exemple, accorde à Charles de rejoindre ses compagnons ; bientôt les champs de la Volhynie retentirent des cris d'allégresse ; la vieille armée salua de ses vieux drapeaux le petit-fils du grand Henri, et oublia tous ses malheurs, parce qu'elle avait retrouvé toutes ses espérances.

C'est avec l'occasion, Messieurs, que nous avons vu se développer toutes les qualités du héros en notre Charles. Sachant imiter les nobles exemples de sa race, comme ses vertus savent en créer de nouveaux, notre admiration l'a suivi dès les premiers pas de sa course. Mais ici l'occasion devient toute nouvelle pour un fils de France : si jadis la Pologne avait connu le sang de nos Rois (2) et s'était empressée de lui obéir ; si les droits étaient les mêmes, la fortune avait changé. Après avoir vaillamment combattu pour revoir la patrie, à la tête de ces Français dont il était le chef par la naissance autant que par la valeur,

---

(1) Le Roi habitait alors dans cette ville.
(2) Henri III.

M.gr le duc de Berry allait montrer sur une terre étrangère tout ce que la résignation a de plus touchant. Pénétré de cette grande pensée, que les princes doivent tout sacrifier pour leurs sujets, quand ceux-ci ont tout sacrifié pour le prince, il offre au czar son bras et son épée, et achète ainsi l'hospitalité des siens. Voilà sa reconnaissance; il s'abaisse pour retrouver plus de grandeur. S'il a su commander à une armée, maintenant il saura obéir; les grades ne sont rien pour lui : soldat, c'en est assez que de ses talens et de son courage; Prince, n'a-t-il pas dix siècles d'aïeux? Nommé colonel de ces mêmes chasseurs nobles qui l'ont déjà vu briller dans leurs rangs, il fait de ce corps impétueux, mais peu soumis, le modèle de la discipline, comme il l'avait été de la bravoure. Cavalier consommé, Monseigneur préparait son régiment à soutenir, par la science des mouvemens, une réputation accordée à la seule valeur, quand un nouveau cri de guerre vint rendre à ce jeune cœur l'espoir d'un avenir qu'il pouvait croire prospère, parce que la gloire s'y montrait.

Fatiguée d'une influence qui paraissait ne vouloir point admettre de rivalité (1), la Russie,

______

(1) Déjà le gouvernement français avait marqué son esprit de conquête et appuyé ses prétentions de tout le poids de ses armées victorieuses.

impatiente dans son repos, comme le sont tous les empires florissans, voulut faire le funeste essai de ses redoutables invasions. Les armées du Don et du Wolga s'acheminèrent vers la Germanie, et pour la première fois la flèche du Tartare allait voler sous un ciel dont les enfans du nord ne devaient que trop conserver la mémoire. Charles accourut des extrémités de la Volhynie. Le temps de l'exil paraissait fini : on fuyait un climat rigoureux, on allait apercevoir la France ! Perspective riante que celle où l'on devine la Patrie ! Ce fut la face tournée vers elle que l'armée fit entendre son premier chant de retour ; campée sur une hauteur, elle implora le Dieu des armées, qui fut toujours le Dieu de son pays ; célébrant en même temps, et la fête de son Roi et le nouveau gage de prospérité qu'il vient d'assurer à sa race (1), dix mille soldats élèvent dans les airs et leurs étendards et leurs armes, et marchent avec confiance pour chercher de nouveaux périls.

Mais elle devait encore être trompée cette confiance ; d'autres destinées allaient compter leurs jours de prospérité, avant de fatiguer la fortune : l'Orient venait de renvoyer à l'Europe

____

(1) Ce fut le 10 juin 1797 que le mariage de M.gr le duc d'Angoulême, avec *Madame* Thérèse de France, fut célébré à Mittau.

l'homme (1) qui devait l'asservir, et marcher au des-
potisme à l'ombre des arcs de triomphe. En vain
l'Italie voit-elle se renouveler ces temps reculés,
où des peuples inconnus plantèrent sur ses bords
leurs tentes étrangères; en vain Suwarof (2) espère
s'ouvrir par l'Helvétie un passage facile vers une
terre long-temps respectée (3); en vain l'Autriche
veut-elle seconder ses projets, et paraît-elle soumise à ses calculs; le jour de la défaite arrive:
ses généraux sont surpris (4), les murs de Cons-
tance enlevés à une résistance opiniâtre (5);
il doit céder enfin à l'ascendant de la victoire,
et ramener vers la Pologne les débris de ses légions; M.gr le duc de Berry, qui avait su captiver
l'amitié de cet habile capitaine, ne reprit point

---

(1) Napoléon.

(2) Général russe qui commandait en chef l'armée de la
coalition.

(3) Le plan du général russe était de conquérir l'Italie et
de porter le théâtre de la guerre en France, en établissant
sa ligne d'opération par la Suisse.

(4) Le prince russe Kortschakow se laissa surprendre dans
Zurich par Massena, et laissa ainsi le flanc de l'armée à
découvert. Dans cette circonstance le corps de Condé sou-
tint la retraite des Russes.

(5) Le 5 octobre 1799. C'étaient encore des Français qui
devaient donner là l'exemple d'une réciproque valeur, dans
l'attaque comme dans la défense : on se battit trois jours dans
les rues, et chaque maison soutenait un siége.

le chemin du nord. L'armée de Condé, lasse de promener ainsi ses infortunes à travers les royaumes, voulut rester et finir dans la vieille Europe; et ses vœux ne furent pas trompés.

Mais, tandis que Monseigneur cherchait dans la vie laborieuse des camps, de nouveaux droits à l'amour de la France, le Roi, dans sa tendre sollicitude, s'était occupé d'assurer sa félicité: fidèle même au temps du malheur à ce principe conservateur des trônes, qui trouve dans leur antique illustration les droits qui garantissent leur durée, une princesse de Sicile (1) fut destinée au bonheur de S. A. R. Le Prince parut bientôt à Palerme. La Cour le vit avec admiration : son humeur chevaleresque, la vivacité de son esprit, la noblesse comme la simplicité de ses manières, rappelaient ces temps reculés où les Tancrède et les Lorédan, revenant de la Palestine, recevaient sur ces bords une hospitalité généreuse, et racontaient, appuyés sur le fer de leurs lances, toutes les merveilles dues à leur valeur.

Si, homme ordinaire, Charles Ferdinand n'eût désiré qu'une de ces vies peu comptées, que la médiocrité trouve sous le chaume, et la fortune sous de riches lambris, sans doute il n'avait qu'à

____

(1) Mme Christine, princesse de Naples.

confier la sûreté de son avenir aux mers de la Sicile ; et tranquille dans les murs de Messine, rester muet témoin d'une révolution dont il eût bravé la rage. Mais il est de plus nobles pensées : Charles ne voit que la postérité sous ce ciel Mythologique, où l'on ne peut faire un pas sans se rappeler une bataille ou fouler une cendre illustre ; son imagination s'agrandit tout ce qui lui reste à faire, comme sa rare modestie compte pour rien tout ce qu'il a fait. Toutefois l'occasion vient favoriser son impatience : Léopold dut conduire à Vienne sa famille, et Monseigneur se rendit à Rome, où quelques troupes napolitaines venaient d'établir un camp. Cependant peu satisfait d'un service qu'on cherchait à lui rendre pénible, car ne voulait-on pas qu'un fils de France obéît à un Monsieur de Nazelli (1) ! le Prince consacrait aux beaux arts le temps qu'il aurait perdu sous des chefs inhabiles. Sensible aux charmes de l'harmonie sur cette terre natale des Muses, les Muses le traitèrent en favori, parce qu'elles étaient flattées de son culte. Peintre agréable et connaisseur distingué, tous ses essais indiquaient la facilité du maître, comme ses observations

____

(1) Le Prince écrivait à M. Acton, ministre de Sicile : « Volontaire sous M. de Nazelli ou sous M. de Damas, que j'ai vus si long-temps colonels à l'armée de Condé, ce n'était pas une position bien agréable pour moi. »

offraient le résultat d'études approfondies. Les chefs-d'œuvre des Raphaël et des Michel-Ange, les ateliers célèbres, les ruines de Tibur, les bosquets des Villa modernes, étaient ses délassemens. Souvent on le voyait méditant sur les débris de cette ville éternelle, qui laisse toujours aux hommes le sujet de nouvelles méditations. Parcourant, aux heures du silence, tous ces monumens qui seuls restent debout, vainqueurs des siècles et de la barbarie. Les grandes ombres des Trajan, des Marc-Aurèle et des Titus lui apparaissaient dans ce palais des Césars, si long-temps souillé par la licence ou par la tyrannie. Modèle des princes et l'amour des peuples, il admirait leurs vertus et se nourrissait de leurs exemples. Quelquefois aussi il allait promener ses rêveries au tombeau de Scipion, qui, comme lui, avait chéri la patrie, et qui, aussi infortuné, avait dû languir loin d'elle.

Mais, tandis que M.gr le duc de Berry jouissait à Rome des consolations que donne la science, de nouveaux mouvemens de guerre s'opéraient en Allemagne ; une nouvelle lutte venait de s'engager. L'armée de Condé, qui se dirigeait sur l'Italie, avait suspendu sa marche, et dans peu de jours elle allait combattre encore (1) : ce fut un

---

(1) *Nous attaquons le 15 septembre*, écrivait M.gr le duc d'Angoulême ; et S. A. R. d'accourir.

ordre pour le Prince. Un fils de France pouvait-il jamais rester étranger aux périls ! Pour cette fois, l'amour ne triompha pas de la gloire, et, conduit par l'honneur, Charles retrouva ses compagnons. Simple volontaire (1), après avoir commandé en chef, et obéissant à un frère qu'il aime, il déploya bientôt sur les bords de l'Inn, une valeur qui leur était connue, mais qui cette fois ne fut pas sans rivalité : les deux princes combattaient ensemble à cette mémorable défense de Ravenheim (2) qui devait être leur dernier cri de victoire. Renouvelant tous les prodiges du héros de Fontaine-Française (3), on les voit, *avec vingt-cinq dragons d'Enghien*, se retirer en bon ordre devant deux mille cinq cents hommes ! enlever des batteries de l'ennemi, à la tête des grenadiers de Bourbon ; et enfin, emportés par un bouillant courage, méconnaître, pour la première fois, la voix de leur vieux Condé, qui tremble pour leur vie (4), et qui les suit au milieu

---

(1) M.gr. Le duc de Berry servait comme simple volontaire dans ce même régiment de chasseurs nobles, qu'il avait formé.

(2) Passage important de rivière qu'on avait donné à garder à l'armée de Condé, entre Wissembourg et Ravenheim.

(3) Henri IV.

(4) « Le prince de Condé fut obligé d'employer l'autorité » pour faire retirer les deux Princes, qui s'exposaient inutile- » ment ; un soldat avait été frappé d'une balle, à un pas du » duc de Berry. »

des dangers! Que de regrets ne devons-nous pas éprouver, Messieurs, en pressentant, dans les caprices du sort le terme d'une carrière militaire si vaillamment commencée! Eh! ce n'est pas seulement cette impétuosité du soldat, admirée des soldats eux-mêmes, que nous avons perdue, ce sont toutes les qualités du grand capitaine qui, chaque jour, se développaient en notre prince. Connaissant profondément la méthaphysique de l'art, jugeant les mouvemens en tacticien consommé, comme il avait ce coup d'œil rapide qui démêle dans l'étendue les obstacles qu'il faut éviter, les positions favorables qu'on doit prendre, et qui compte au loin les escadrons ennemis! Joignant à ce talent inné du général, le rare talent d'écrire sur la guerre, comme il sait plaire par la simplicité de son récit et la justesse de ses observations, dans ce dernier bulletin de sa trop malheureuse armée! bulletin qui pourra servir de modèle (1) à qui aime la vérité sans emphase et

---

(1) Luisen, près Rottman, le 15 décembre 1800.

« Nous avons eu bien des désastres; mais je vous assure » que pour ceux qui les ont vus, ces événemens sont fort » singuliers. Le peu de précaution que l'on a pris à la ba- » taille du 3, près Ebesberg, l'inaction où on a laissé et les » corps qui étaient à Wasserburg, et nous avec M. de Chate- » lait, qui pouvions attaquer avec succès sur Munich; mais » principalement le passage de l'Inn que l'on a laissé forcer,

le talent sans artifice. Nouveau Xénophon, mais
moins heureux que lui, car il ne retournait pas
vers la patrie, c'était en se reposant de la fati-

» sans vouloir prendre aucune mesure raisonnable pour l'em-
» pêcher ; tout cela est fort extraordinaire.

» Déjà, depuis plus de dix jours, l'on savait que les forces
» de l'armée de Moreau se portaient devant nous. Avec quinze
» cents hommes d'infanterie et douze cents chevaux (ce qui fait
» la totalité du corps), nous gardions, depuis la gauche de Was-
» serburg jusqu'au delà de Neubeiren, c'est-à-dire, plus de six
» lieues. Le 15 de ce mois, un corps de quinze cents Autri-
» chiens sous les ordres du feld-maréchal....... s'était porté à
» Hartmansberg, à cinq lieues du pont de Rozenheim, où
» étaient nos batteries. Il est connu, par l'exemple des an-
» ciennes guerres et par la vue du pays, que le passage du
» Neubeiren est non-seulement facile, mais le seul praticable.
» Malgré les représentations que M.gr. le prince de Condé
» avait faites le soir, aucun secours ne lui avait été donné,
» et les Autrichiens ne s'étaient pas rapprochés. Le 9, à la
» pointe du jour, les ennemis ouvrirent un feu terrible sur
» nos batteries ; en même temps trois divisions passèrent
» l'Inn, entre Neubeiren et Rohrdorff, défendu ou plutôt
» observé par vingt-cinq dragons d'Enghien et douze hommes
» du Durand. Les Français s'avancèrent en se battant tou-
» jours contre M gr le duc d'Enghien (qui avait réuni son
» régiment à celui de Durand), jusqu'au village de Riedering.
» Les Autrichiens n'arrivèrent qu'à une heure. Le général.....
» s'emporta beaucoup sur ce que nous avions laissé passer deux
» mille cinq cents hommes devant ving-cinq dragons, et sur-
» tout de ce que M.gr le prince de Condé avait abandonné la
» position de Rozenheim, où le canon nous avait démonté

gue des combats que Monseigneur se plaisait à
en retracer l'histoire. Ah! que ne l'avez-vous rencontré sur un champ de bataille, vous tous qu'un
esprit de vertige avait frappés, et qui faisiez en-

» deux pièces, tuant hommes et chevaux, les Français d'ail-
» leurs nous ayant débordés, et étant déjà à Riedering, à
» deux lieues en arrière de la position. Le général..... envoya
» le général Guilay avec sa division, pour se joindre avec
» M.gr le duc d'Enghien, et forcer Riedering. Cet ordre fut
» exécuté. M.gr le prince de Condé et M.gr le duc d'An-
» goulême attaquèrent avec les grenadiers de Bourbon, et
» emportèrent sur le champ les batteries de l'ennemi. M.gr le
» duc d'Enghien chargea avec les dragons à pied, le régiment
» de Durand et les dragons de Kinski; ces trois corps se
» couvrirent de gloire. Le comte de Guilay faisait tous ses
» efforts pour nous faire appuyer par l'infanterie autrichienne:
» elle était harassée de tant de combats. Trop faibles, il fallut
» renoncer à nos avantages, et les Français reprirent leur
» position, où ils se maintinrent jusqu'à la nuit.

» Le brave régiment de Durand a été écrasé, douze grena-
» diers seulement, sur la totalité de la compagnie, revinrent de
» l'affaire. M.gr le duc d'Enghien a eu un cheval tué sous lui, et
» a perdu beaucoup de dragons. Gaston de Damas, frère cadet
» de Roger, a été blessé, ainsi que plusieurs autres officiers
» de distinction. Le général-major Lasure a été blessé grière-
» ment, en combattant avec les grenadiers de Durand.

» Depuis ce moment nous n'avons cessé de marcher ou le
» jour ou la nuit. Nous venons occuper la position de Rott-
» man, par où les Français pourraient arriver sur Leoben.

» Nous apprenons dans ce moment, que les Français ont
» forcé le passage de la Salza à Lauffen.

tendre des cris dont Dieu a marqué l'impuissance !
Que vous fallait-il donc , si celui-là ne pouvait
remplir votre attente ? Vous demandiez de la
valeur ? Mais n'était-il pas le fils de S.ᵗ-Louis, le
rival des Condé ? Et, répondez franchement, auriez-
vous osé le suivre ? La grandeur d'ame , une bonté
infinie, pouvaient-elles séduire vos cœurs ? Avez-
vous oublié les offenses dont il a perdu la mémoire , et pouvez-vous compter ses bienfaits ?
Général ou soldat, prince ou simple citoyen, admi-
rez-le du moins, si vous ne pouvez l'aimer et le
plaindre ; et qu'il vous souvienne surtout qu'il
savait pardonner.

Mais le temps était venu qui devait forcer au
repos cette ame toute guerrière, et lui faire connaître une nouvelle douleur. Descendues des
Alpes, comme un torrent, nos légions venaient
de terminer la grande querelle aux champs de
Maringo et d'Hoenlinden (1), et d'imposer silence
à l'Europe étonnée. L'empire ébranlé sollicita la
paix et l'obtint; mais l'intérêt seul en fixa les
conditions , et ne craignit pas de remplir les
sacrifices imposés par l'épée du vainqueur. Qu'im-
porte la foi jurée quand la fortune peut en assurer

---

(1) On sait que ces deux batailles , livrées et gagnées à
peu de jours de distance l'une de l'autre , déterminèrent la
paix , et donnèrent à la France une influence qu'elle devait
long-temps conserver.

l'impunité! L'existence de quelques milliers de gentilshommes, armés pour la monarchie, n'eut pas plus de poids que l'honneur dans la balance politique d'un roi des Romains, et les soldats de Condé apprirent qu'on leur enlevait jusqu'au bonheur de mourir ensemble (1)! Au premier bruit de cette affreuse nouvelle, la consternation est au camp : exilés, ces braves n'ont plus de patrie! Malheureux, il n'est plus d'hospitalité! Les larmes ne coulaient pas sur ces visages noircis par le soleil et brûlés par la poudre, car les grandes douleurs sont muettes; on n'y voyait que l'indignation. Quelle résolution va-t-on prendre! Faut-il obéir ou terminer tant d'honorables misères? M.gr le duc de Berry arrive; mais ce ne sont plus des cris d'allégresse qui accompagnent ses pas : les faisceaux d'armes renversés, les tentes déchirées, le désordre des rangs, des vêtemens en lambeaux, des épées en éclat lui peignent, encore mieux que la plainte, tout le désespoir de ses amis. Il les appelle cependant, de cette voix qui leur fut connue (2). A cette voix l'on accourt, on l'entoure, on le presse; tous ces vieux soldats cherchent à voir leur prince, et, pour la dernière fois, ils veulent l'entendre

---

(1) L'armée de Condé fut licenciée le 16 avril 1801.

(2) Bossuet.

encore ! O vous ! que le génie des arts tourmente
et enflamme, et qui, pour ranimer vos pinceaux,
invoquez tous les Dieux de la Grèce et de Rome ;
laissez ces illusions brillantes pour des vérités qui
ne peuvent plus périr. Venez, venez aux frontières
de Styrie (1), Charles saura parler à votre cœur :
soins généreux (2), consolations touchantes, rien
n'échappe à sa sollicitude, car il éprouve toutes
les douleurs. Retracez-le à nos regards charmés,
pressant dans ses bras ce Condé de si glorieuse
mémoire, et d'Enghien de si douloureux souvenir ! tendant une main bienfaisante que la reconnaissance arrose de ses larmes ; s'imposant tous
les sacrifices et regrettant de les limiter, s'éloi-
gnant de ces braves qui l'accompagnent de leurs
vœux, alors qu'ils ne peuvent plus le soutenir
par leurs armes ; mais que nous le voyions surtout au moment où, jetant de loin un dernier
regard sur ces débris de la fidélité, il cherche en
vain sur la colline guerrière ce drapeau si cher
à son cœur et qu'il veut saluer encore ! C'en est
fait : le tambour ne bat plus au champ, déjà les
tentes ont disparu, et la tribu est dispersée !

La paix, qui avait fait dire si éloquemment à

---

(1) C'est là qu'eut lieu le licenciement de l'armée de Condé.

(2) M.gr le duc de Berry vendit ses équipages pour en dis-
tribuer le prix à ses malheureux compagnons : manquant de
tout, il était encore généreux.

un Bourbon (1), *qu'il n'y avait plus de Roi en Europe*, venait aussi d'enlever à Charles toute espérance de gloire. Il ne lui restait pas même cette *ressource* qu'un fils de Henri pouvait seul désirer, *de se faire tuer si Buonaparte régnait sur la France* (2). Aussi, après avoir été trompé dans les projets de son cœur, par le Ministre de Sicile (3), sur ce continent où son nom même, jadis si révéré, n'était plus qu'une responsabilité périlleuse pour des trônes esclaves, Monseigneur fut chercher au milieu des mers une terre qui connût encore l'indépendance et l'hospitalité : l'Angleterre le reçut ; et toutefois, malgré sa loyauté, elle ne fit qu'acquitter la dette de la reconnaissance (4).

Le Prince retrouva son auguste père dans ces montagnes de l'Écosse, familières aux Rois malheureux, où l'on répète encore les chants d'Ossian,

***

(1) Le duc d'Enghien.

(2) Lettre à M. le comte d'Autefort.

(3) Il écrivait à M. le comte de Chastellux : « Qu'irai-je
» faire à Naples ? Je ne peux pas vivre pour rien dans un
» pays d'une cherté affreuse. Pourquoi M. Acton ne me
» parle-t-il pas franchement ? Qu'a-t-il besoin d'user de réserve
» envers moi ? Je ne suis pas une puissance politique ; je suis
» un homme malheureux qui ne peux porter ombrage à
» personne. »

(4) La France avait été deux fois l'asile de ses rois.

et où l'amour de la monarchie s'est conservé d'âge en âge avec celui de la liberté. Si naguère notre héros avait parcouru ces champs de la Campanie, ces bords enchanteurs de Baye, ces rives du Tibre, où tous les prestiges de la fable n'éclipsent point les merveilles de l'histoire, maintenant son imagination prend un autre essor sur cette terre des Bardes, où tout porte un caractère original de grandeur. Les monumens des divers âges ne peuvent plus lui servir de guide à travers les siècles; les troubadours n'élèvent pas des pyramides et ignorent les palais: mais il y a là une vieille tradition qui vaut bien quelquefois des ruines pompeuses. Les bergers y sont poètes et les sons de la lyre résonnent au bord du torrent. S'il ne pouvait plus s'attendrir au tombeau de Metella, ou méditer sur l'avenir à la colonne Trajanne, il allait confier ses pensées aux bois silencieux, entendre siffler les vents sur les grandes bruyères, et rêver sur les rochers où Fingal reposait sa tête. Cette nouvelle nature n'était pas sans quelque charme pour le cœur de notre Charles; sauvage et dépouillée, elle offrait l'image de la grandeur sans prospérité, et c'était là son image.

Mais bientôt, enlevé à la solitude, Londres vit Charles comme Rome l'avait admiré, Prince aimable, instruit et vaillant. Héritier de la valeur de François I.ᵉʳ et d'Henri IV, comme de la délicatesse d'esprit qui distinguait ces deux Rois chevaliers, pouvait-il ne pas l'être de ces faiblesses qui ont marqué leur règne, et, osons même le dire, ajouté à nos regrets! M.gr le duc de Berry portait tout le cœur de ses pères. Mais ne craignez pas que les passions l'emportent jamais sur ses devoirs : si, simple citoyen, il se plaît dans un petit nombre d'amis ; si, cultivant les beaux arts avec succès, il fortifie, dans la science des antiques (1), des connaissances premières recueillies sur la terre même de l'antiquité, il est aussi des momens où l'on retrouve en lui tout le Prince : les droits et les devoirs d'une nation sont-ils discutés à cette tribune où brillaient alors les Fox et les Shéridan? Familier avec les langues de l'Europe, et surtout avec celle des Burckes, il allait se pénétrer de tous ces grands principes politiques qui font le bonheur des peuples et la félicité des rois, parce que les peuples renvoient aux souverains le bonheur qui est leur ouvrage. Fils respectueux autant que Prince soumis et reconnaissant, il allait admirer tous les mois, dans la solitude d'Hartewell, ce nouveau Solon qui préparait, dans le silence de l'exil, une nouvelle gloire pour les Rois de France et l'éternelle garantie

---

(1) M.gr le duc de Berry était très-fort en numismatique.

de la prospérité des Français (1). Guerrier, un cri d'indépendance se fait-il entendre vers l'extrémité (2) de cette Europe que parcourent nos légions victorieuses? Voyez-le sollicitant un danger que la politique craint d'accorder à son courage (3). Une autre fois veut-il aborder en France (4)? « *Il me suffira*, dit-il, *de cinquante » braves pour me recevoir.* » Lui assure-t-on que lassés d'être opprimés, les royalistes se décident à reprendre les armes? rien ne peut l'empêcher d'aller les rejoindre : « *Je combattrai à leur tête,* écrivait-il (5), *je mourrai au milieu d'eux, et mon*

______

(1) La Charte.

(2) Déclaration de guerre nationale faite par les Cortès de Cadix à Napoléon, lorsqu'il voulut envahir l'Espagne.

(3) Le Prince écrivait à M. de Mesnard, le 27 juillet 1808 :

« Vous avez fort bien jugé, mon cher Mesnard, et de ce » que j'éprouve et de ce qui me retient. Il n'est que trop » vrai que depuis six semaines j'ai travaillé à aller rejoindre » les braves Espagnols, et que le gouvernement y a mis un » obstacle absolu et positif. Les Espagnols qui sont ici nous » ont évités avec soin. Tout en admirant leurs nobles efforts, » il me semble qu'ils ont oublié, ainsi que tout le monde, » que les aînés de leurs rois ont gouverné la France, et qu'il » faut que Buonaparte tombe pour leur sûreté, comme pour » celle du monde. »

(4) Il avait formé le projet de rejoindre les royalistes de l'intérieur.

(5) Il écrivait au comte de la Ferronnays :

Artwell, 1809.

« J'ai reçu hier matin ta lettre d'avant-hier, mon cher

» *sang versé au champ d'honneur , abreuvant le*
» *sol de la Patrie , rappellera du moins à la*
» *France qu'il existe des Bourbons, et qu'ils sont*

» Auguste. Je te remercie de tes bons conseils ; je trouve dans
» tout ce que tu me dis assez de sagesse et de raison ; et ce
» que j'aime encore mieux, j'y trouve une preuve de plus de
» ton attachement pour moi. Mais, mon ami, tes réflexions
» sont trop tardives et sont inutiles. Tout ce que tu me dis,
» je me le suis déjà dit à moi-même : je n'ai jamais partagé
» ta confiance dans le succès de notre expédition ; je crois
» fermement que nous marchons à la mort ; et c'est ce qui
» fait que je ne veux pas m'arrêter. Tu sais trop, mon cher
» Auguste, les absurdités qui ont été débitées sur notre compte;
» tu sais combien on nous reproche de n'avoir pas combattu
» avec la Vendée, de n'avoir pas mêlé notre sang à celui
» des royalistes. Il faut faire taire la calomnie, et tu es trop
» mon ami pour me conseiller le contraire. Tu connais mes
» opinions sur les guerres civiles et ceux qui les fomentent;
» je me croirais traître au Roi, traître à la France, et le
» plus coupable des hommes, si, pour ma propre gloire ou
» pour mon intérêt personnel, je cherchais à la rallumer,
» et ramener sur cette fidèle Vendée les malheurs qui déjà
» furent le prix de son dévouement à notre cause. Mais puis-
» que l'on nous assure que, lassés d'être opprimés, les roya-
» listes se décident d'eux-mêmes à reprendre les armes ; puis-
» qu'ils nous le font dire, et qu'ils demandent un Prince, rien
» ne m'empêchera d'aller les rejoindre. Je combattrai à leur
» tête, je mourrai au milieu d'eux, et mon sang versé au
» champ d'honneur, abreuvant le sol de la Patrie, rappellera
» du moins à la France qu'il existe des Bourbons, et qu'ils
» sont encore dignes d'elle. Mon vieux Nantouillet et toi,

» *encore dignes d'elle !* » Veut-il rassurer ses compagnons (1) sur le résultat d'une entreprise périlleuse ? Il les console par le souvenir d'une gloire où l'amitié trouvera aussi sa part : « *Mon* » *vieux Nantouillet et toi, mon ami, vous parta-* » *gerez mon sort; je ne vous plains pas. Tu seras* » *enterré à mes côtés.* » Veut-on devancer le péril pour ce Prince qui savait si bien l'affronter ? « *Tu me connais assez,* disait-il au brave Comte » de la Ferronnays, *pour être bien sûr que je* » *ne consentirai jamais à ce que mon ami s'expose* » *pour moi à un danger que je ne partagerais* » *pas avec lui.* » Qui ne se sent ému, Messieurs, de tant de grandeur d'ame ! Et croyez-vous que l'histoire offre de plus touchans souvenirs ? Enfin,

---

» mon ami, vous partagerez mon sort; je ne vous plains pas.
» Tu seras enterré à mes côtés ; c'est un moyen très-bon pour
» couvrir ce que tu appelles ta *responsabilité.* Quant à ta
» proposition d'aller avant moi sonder le terrain et vérifier
» les faits, elle n'a pas le sens commun, et tu me connais
» assez pour être bien sûr que je ne consentirai jamais à ce
» que mon ami s'expose pour moi, à un danger que je ne
» partagerais pas avec lui.

» Adieu, je serai à Londres après-demain à 5 heures.
» J'irai passer la soirée chez ta belle-mère ; nous causerons
» de tout cela. Embrasse ta femme et tes deux enfans; je te
» quitte pour aller à la chasse. »

(1) MM. les comtes de Nantouillet et de la Ferronnays.

la trahison (1), empruntant les accens de la fidélité , veut-elle ramener sa victime sur ces bords
chéris de la Patrie, objet de tous ses regrets ?
Elle n'a qu'à lui faire porter quelques paroles
de liberté et de gloire, et lui dire que ses *bons
normands* l'attendent, pour qu'il veuille aussitôt
accourir. Tels sont, Messieurs, les sentimens que
nourrissait pour la France M.gr le duc de Berry,
alors qu'une volonté de fer étouffait l'amour de
la nation pour ses Rois, en la conduisant à la
victoire, et répondait par la calomnie à la plus
sublime loyauté (2).

---

(1) « En 1813 , plusieurs agens imprudens ou perfides
» amenèrent les plus zélés partisans du Roi à regarder comme
» possible et dans l'intérêt des Princes, le débarquement
» de M.gr le duc de Berry sur les côtes de Normandie,
» où, disait-on , ils étaient attendus par plus de quarante
» mille Français, armés et rassemblés pour la cause des
» Bourbons. S. A. R. se livra à ce projet avec toute l'ar-
» deur d'une ame pleine de franchise et de courage. Déjà
» le vaisseau qui devait la conduire en France était arrêté ;
» mais des serviteurs plus prudens, qui avaient été envoyés
» aux îles de Jersey et de Guernesey pour vérifier l'état
» des choses, se hâtèrent d'avertir le Prince que ce projet,
» en apparence séduisant , n'était qu'un piége inévitable, et
» que la police de Paris l'attendait comme une nouvelle
» victime à offrir au meurtrier du duc d'Enghien. » (*Bio-
graphie des hommes vivans.*)

   (2) Quelque-temps avant l'époque où Buonaparte cherchait
à appeler M.gr le duc de Berry sur les côtes de France, un

Il fallut à cette époque tous les efforts de quelques conseillers fidèles pour arrêter l'élan d'une si noble confiance. Mais le temps n'était pas éloigné qui devait ramener au palais paternel les enfans de St.-Louis : déjà le nord a triomphé de la folie d'un homme, sans triompher de notre valeur ; déjà le Rhin a gémi sous des phalanges étrangères ; mais tous ces signes de l'esclavage ne sont, pour cette fois, que l'appareil d'une tempête où n'éclate pas la foudre, et à laquelle un

---

homme se présenta au prince de Condé, et offrit d'assassiner l'usurpateur. Voici ce que ce prince écrivait à cet égard à *Monsieur*: « Cet homme m'a proposé tout uniment, dit-il, » de nous défaire de l'usurpateur par le moyen le plus court. » Je ne lui ai pas donné le temps de m'achever les détails » de son projet, et j'ai repoussé cette proposition avec » horreur, en l'assurant que si vous étiez ici vous feriez » de même ; que nous serions toujours les ennemis de celui » qui s'est arrogé la puissance et le trône de notre Roi , » tant qu'il ne le lui rendrait pas ; que nous avions com- » battu cet usurpateur à force ouverte , que nous le com- » battrions encore, si l'occasion s'en présentait ; mais que » jamais nous n'emploierions de pareils moyens , qui ne » pouvaient convenir qu'à des jacobins.... Après cela , j'ai » dit à l'homme qui était venu, qu'il n'y avait que l'excès » de son zèle qui ait pu le porter à venir nous faire une » pareille proposition ; mais que ce qu'il avait de mieux à » faire était de repartir tout de suite, attendu que, s'il » était arrêté, je ne le réclamerais pas, et que je ne le pour- » rais qu'en disant ce qu'il est venu faire. »

jour brillant doit succéder. Français, ne croyez
plus qu'à la liberté; vos Rois légitimes s'avancent;
Berry, que rien ne peut retenir, se montre dans
une île voisine (1); du haut d'un rocher (2), il

---

(1) Le 8 février 1814, S. A. R. arriva à Jersey.

(2) Il écrivait alors tout plein de cet enthousiasme qu'ins-
pire la Patrie : « Que direz-vous, Madame, de la liberté
» que je prends de vous écrire, et de me charger de ré-
» pondre à une lettre qui ne m'est pas adressée? Mais le
» tendre et touchant intérêt que vous voulez bien m'y
» marquer est mon excuse. Je comptais bien vous écrire,
» mais du sol de ma patrie, de cette terre chérie que je
» vois tous les jours sans pouvoir y atteindre; enfin, je
» voulais écrire à la veuve du grand Moreau, si digne de
» lui, sur le chemin qu'il aurait déjà applani devant nous
» si le sort ne nous l'avait enlevé.

» Me voici donc, comme Tentale, en vue de cette malheu-
» reuse France qui a tant de peine à briser ses fers; et
» les vents, le mauvais temps, la marée, tout vient arrêter
» les courageux efforts des braves qui vont courir des dan-
» gers qu'on ne me permet pas encore de partager. Vous,
» dont l'ame est si belle, si française, jugez de tout ce que
» j'éprouve; combien il m'en coûterait de m'éloigner de ces
» rivages qu'il ne me faudrait que deux heures pour atteindre !
» Quand le soleil les éclaire, je monte sur les plus hauts
» rochers, et, ma lunette à la main, je suis toute la côte,
» je vois les clochers de Coutances ; mon imagination
» s'exhalte; je me vois sautant à terre, entouré de Français,
» cocardes blanches aux chapeaux ; j'entends le cri de *Vive*
» *le Roi !* ce cri que jamais Français n'a entendu de sang
» froid : la plus belle femme de la province me ceint d'une
» écharpe blanche, car l'amour et la gloire vont toujours

examine cette *chère France*, où il *se voit, sautant à terre, entouré de Français, cocardes blanches aux chapeaux !* Bientôt il va toucher le sol de la Patrie ; et si nous l'avons admiré alors qu'il promenait sur l'Europe et ses infortunes et sa gloire, il saura se montrer grand citoyen, et conserver le même caractère au sein de la prospérité.

————————

Si, fatiguée de suivre les soldats de la France, la victoire venait d'abandonner les drapeaux de ses légions (1), du moins des jours de bonheur allaient la consoler de ses longs jours de triomphes : les Bourbons avaient entendu ses vœux. Apparaissant comme des astres bienfaisans sur ces parties du royaume dues à la valeur des

———————————————————————

» ensemble. Nous marchons sur Cherbourg ; quelque vilain
» fort, avec une garnison d'étrangers, veut se défendre ;
» nous l'emportons d'assaut, et un vaisseau part pour aller
» chercher le Roi, avec le pavillon blanc qui rappelle les
» jours de gloire et de bonheur de la France. Ah! Madame,
» quand on n'est qu'à quelques heures de l'accomplissement
» d'un rêve si probable, peut-on penser à s'éloigner?

  » Pardonnez toutes ces folies, Madame ; croyez que les
» sentimens que vous m'avez inspirés sont aussi durables
» que ma vie. Veuillez me donner une petite part dans
» votre amitié, et recevoir l'hommage de mon tendre et
» respectueux attachement. »
(1) 1814.

Rois leurs aïeux (1), *Monsieur* se montrait aux francs comtois moins eu héritier de Louis XIV, qu'en petit-fils du bon Henri, et la vieille Aquitaine saluait le premier de ses enfans, tandis que les murs de Cherbourg (2) recevaient l'infortuné Charles, et que les *bons normands* (3) témoignaient, par mille cris d'allegresse, leur admiration pour ce vaillant héritier du vainqueur de Formigny (4).

Souvenir des services rendus à la Patrie, oubli de toutes les erreurs, telle fut la volonté d'un Roi chez lequel, ni les rigueurs de l'exil, ni sa longue durée n'avaient pu attiédir son amour pour tous les Français. Les Princes partagèrent ces nobles sentimens, Messieurs, et le duc de Berry devait en offrir le plus touchant exemple. Ainsi, à peine a-t-il donné quelques instans aux joies qui l'environnent, qu'il veut que ses bienfaits en garantissent la durée. Des hommes (5) peu faits pour la gloire, et dont le nom seul

----

(1) Charles V, Charles VII et Louis XIV.

(2) Le 13 avril 1814.

(3) C'est ainsi que les appelait M.gr le duc de Berry.

(4) Le 15 avril 1450, Charles VII, à la tête de quelques Français, défit quatre mille Anglais près de Formigny, et assura ainsi la réduction de la Normandie. Cette victoire causa en France une joie universelle.

(5) Six cents conscrits réfractaires furent mis en liberté.

serait un outrage, si l'abus du pouvoir n'eût fait pardonner la gravité de l'erreur, sont rendus à la liberté et au sillon qu'ils doivent rendre fertile. Paraît-il à Caen? c'est pour y soulager d'autres victimes et terminer de longues douleurs (1). Partout, sur ce chemin de Paris, où se pressent et les citoyens des villes et les habitans des hameaux, on entend les accens de la reconnaissance se mêler aux transports de la félicité publique. Rien n'échappe au Prince, parce qu'il a la mémoire du cœur et l'esprit brillant de ses pères. Ici (2), il reconnaît de vieux services, en voyant sur le front d'un brave la cicatrice de l'honneur! Là (3), quoi qu'on puisse lui dire,

----

(1) Depuis deux ans, des pères de famille gémissaient dans les prisons, accusés d'une prétendue révolte occasionée par la disette. Le Prince brisa leurs fers. Le lendemain, on donna au théâtre *la Partie de chasse de Henri IV*, et au lever de la toile on les vit à genoux avec leurs femmes et leurs enfans, levant les bras vers le Prince et le bénissant.

(2) A son entrée à Bayeux, un militaire se présente au Prince et lui dit : « *Serais-je assez heureux, Monseigneur, pour être* » *reconnu de V. A. R.?* — *Si, je vous reconnais, mon cher* » *S........!*, lui répondit le Prince en s'approchant de lui et » en écartant ses cheveux ; *ne portez-vous pas sur le front la* » *cicatrice honorable que vous avez reçue à la bataille de......?* » le prince ne s'était pas trompé

(3) Ayant appris qu'il y avait dans les environs de Bayeux un régiment dont les soldats étaient encore égarés par les sug-

rien ne saurait l'arrêter ; il va à la rencontre
d'un régiment encore tout surpris d'un change-
ment subit de fortune, et , par son inaltérable
sang-froid, fait succéder le cri du devoir au
dernier cri d'une valeur irritée. Reçu à Rouen ,
au milieu d'un peuple qui aime à retrouver en
lui tout ce que le souvenir peut rappeler de
bonté et de gloire, il montre à cette grande
cité que les Bourbons n'ignorent rien de ce qui
peut être pour le peuple le gage d'un bonheur
à venir. Ainsi, après avoir passé en revue, au
champ de mars, quelques débris de cette vieille
armée dont il se plaisait à conter les hauts faits,
il va visiter ces riches manufactures où l'industrie
seconde l'opulence, et qui sont le signe le plus
certain de la prospérité des nations. Enfin , après

---

gestions des fauteurs de Buonaparte , S. A. R. résolut , malgré
les représentations qui lui furent faites, d'aller conquérir
cette troupe à la bonne cause. Arrivé auprès d'elle : « *Braves*
» *soldats !* dit S. A R., *je suis le duc de Berry. Vous êtes le*
» *premier régiment français que je rencontre ; je suis heureux*
» *de me trouver au milieu de vous. Je viens, au nom du Roi ,*
» *mon oncle, recevoir votre serment de fidélité. Jurons ensem-*
» *ble, et crions vive le Roi !* » Les soldats répondent à cet
appel, et cependant quelques voix font entendre encore le
cri de *vive l'empereur !* « *Ce n'est rien*, dit S. A R. ; *c'est le*
» *reste d'une vieille habitude. Répétons encore une fois vive*
» *le Roi !* » Et alors il y eut unanimité, et la cocarde blanche
fut arborée.

un de *ces voyages de famille*, *pendant lequel il craignait de mourir de joie* (1), où partout le dévouement ne laissait rien à faire au devoir, où partout la population se pressait sur son passage, et formait un de ces cortéges que les mauvais Princes ne voient jamais, M.gr se présenta à St.-Denis, où l'attendaient et de nouveaux caractères de puissance (2), et de nouvelles acclamations. St.-Denis!.... quelles amères douleurs ce nom vient-il mêler aux joies d'un retour si prospère!... Ces cloches qui se balancent, ces drapeaux qui flottent dans les airs, ces guerriers qui accourent, ces tambours qui battent au champ, l'éternelle demeure des Rois (3) parée comme en ses jours de fête, ces voûtes qui retentissent d'actions de grâce envers le Seigneur; tous ces signes d'une si vive allegresse ne doivent-ils donc être que les prochains précurseurs de jours de deuil et d'alarmes ? Ce cortége qui s'avance vers Paris, impatient de lui montrer un nouveau Fils de France, doit-il donc retourner bientôt dans un douloureux silence, et, si nos vœux sont impuissans, renfermer dans le même

-----

(1) Expression du Prince.

(2) des détachemens de cavalerie avaient été envoyés au-devant de S. A. R ; les maréchaux, les généraux et le corps municipal l'attendaient à la barrière.

(3) L'église de S.ᵗ-Denis.

tombeau les vertus de tant de Rois, et une monarchie de tant de siècles ! Mais, n'anticipons pas sur le temps qui doit déchirer nos cœurs : il ne viendra que trop tôt ce dernier moment de l'espérance !

Monsieur avait déjà rendu la liberté aux Français, et au palais de ses pères leur antique splendeur, quand M.gr le Duc de Berry arriva aux Tuileries (1). Comment peindre ces premiers momens du retour, où l'amour de la Patrie et le bonheur de la retrouver se confondent dans l'ame du Prince avec les affections les plus tendres ? Placé au milieu d'une génération nouvelle, que la fortune a fait élever loin de lui, il ne saurait reconnaître ni les magistrats ni les généraux qui l'entourent ; mais ils ont servi la France, ils ont combattu pour elle, et c'en est assez pour

------

(1) Ce fut le 21 avril que le Prince, revêtu de l'uniforme de garde national, entra à Paris : « Messieurs, répondit-il
» aux félicitations du corps municipal et des chefs de l'ar-
» mée qui reçurent S. A. R. à la barrière de Clichi, mon
» cœur est trop ému pour exprimer tous les sentimens qui
» m'agitent, en me voyant au milieu des Français et de
» cette bonne ville de Paris, entouré de la gloire de la
» France. Nous y venons apporter le bonheur : ce sera notre
» occupation constante jusqu'à notre dernier soupir ; nos
» cœurs n'ont jamais cessé d'être français, et sont pleins de
» ces sentimens généreux qui sont le caractère distinctif de
» notre brave et loyale nation. *Vivent les Français !* »

qu'il ne les oublie jamais: admirateur d'une gloire qu'il brûlait de partager, alors même qu'il devait la craindre, avec quel enthousiasme il presse dans ses bras ces dignes chefs de nos armées qu'*il veut pénétrer de tous ses sentimens* (1), et qu'il traite comme en famille. Noble et digne parenté pour le sujet et le souverain, que celle du héros de Pavie (2), et qui, formée sur les champs de bataille, est toujours consacrée par l'honneur.

Porteurs de paroles de paix et d'espérance, les Princes n'avaient fait que préparer la France à recevoir le bonheur. Mais il allait se présenter à son peuple, ce Roi que l'infortune avait formé par de longues épreuves, et à qui était imposée la glorieuse tâche de *fermer l'abîme des révolutions* (3). Déjà mille cris d'amour se font entendre, et les coups répétés du bronze ne sont, pour cette fois, que le signal de la félicité : Louis se montre enfin (4) à sa capitale impatiente, entouré

---

(1) Arrivé au Château des Tuileries, M.ᵍʳ le duc de Berry se tourna avec vivacité vers les maréchaux qui l'entouraient, et, se jetant dans leurs bras, les serra fortement, en leur disant : « *Permettez que je vous embrasse, et que je vous fasse partager tous mes sentimens.* »

(2) François I.ᵉʳ est le premier Roi de France qui ait donné aux maréchaux le titre de cousin.

(3) Paroles du Roi à la Chambre des députés.

(4) Le Roi fit son entrée solennelle dans Paris, le 4 mai 1814.

de tous ces Princes, l'espoir de la France et de
ces guerriers désormais les plus fermes soutiens
du trône. Soldats et citoyens, tous se pressent
à l'envi sur les pas du Monarque désiré ; les
rangs sont confondus comme l'allégresse; on aime
à contempler les traits de ce nouvel Henri, qui,
comme lui, maître et libérateur, vient comme lui
briser des chaînes et proclamer de nouvelles
libertés. Oui, Messieurs, ils seront toujours chers
aux enfans de notre belle Patrie, et ce jour qui
vit renaître la monarchie et celui (1) où l'héritier
de St.-Louis, rendant aux envoyés de son peuple
des droits long-temps méconnus ou peu comptés,
remplaça des institutions tyranniques et péris-
sables, par des institutions paternelles qui ne
doivent plus périr : contrat d'éternelle durée que
cette charte immortelle qui lie le souverain juste
avec le sujet dévoué, et qui prépare ainsi, pour
la postérité, une longue suite de jours prospères.
L'auguste famille comprit ses nouveaux devoirs,
et ne se rappela le passé que pour en marquer
la limite. En vain des factions ennemies ont
voulu nous la peindre toute entière aux vieux
souvenirs; la succession des événemens avait
amené la succession des idées; des Princes qui
avaient long-temps vécu comme simples citoyens

---

(1) Séance royale de la Chambre des députés en 1814.

sur la terre de la liberté (1), portaient dans le cœur tout ce que la dignité de citoyen peut mériter d'indépendance. Eh ! nous pouvons invoquer ici, pour celui dont nous déplorons la perte, le témoignage de ceux qui jouirent du bonheur de son intimité : non, personne plus que M gr le duc de Berry n'apprécia les avantages de cette représentation nationale, dans laquelle un Prince éclairé trouve d'autant plus de pouvoir qu'il paraît le partager davantage, et d'autant plus de force que toutes les volontés se confondent dans sa volonté.

Mais, après avoir donné à la France la garantie d'une longue prospérité, Sa Majesté voulut aussi que sa vaillante armée reçût la garantie de sa gloire : M.gr fut d'abord nommé colonel-général (2) de cette cavalerie légère, si redoutable aux symétriques bataillons du nord ; et bientôt après (3), tandis que son auguste frère venait de rassembler vers les Pyrénées des soldats plus accablés que vaincus (4), il alla parcourir ces boulevards de défense dûs à la grandeur de Louis XIV, qui

----

(1) L'Angleterre.

(2) Le 15 mai 1814.

(3) Le 1.er août 1814.

(4) M.gr le duc d'Angoulême passa en revue, et rassembla dans le Midi les corps d'armée du maréchal Soult et du maréchal Suchet.

joignent le Rhin à l'Océan (1), pour montrer un fils de Henri aux débris de ces légions victorieuses dont il espérait de diriger un jour la valeur : Lille, si fidèle à ses Rois ; Stenay, dont il a conservé la mémoire (2) ; Metz, où commandait le Bayard de notre temps (3) ; Luneville, riche encore du souvenir de Stanislas (4) ; Strasbourg, qu'un Bourbon a donné à la France (5), furent tour à tour les témoins des brillantes qualités du Prince et de ses nombreux bienfaits. Guerrier, il étonne au champ de manœuvre par la sagacité de ses observations et la justesse du coup-d'œil, comme il exalte par le charme de ses à-propos (6). Prince, il encourage les arts, récompense l'industrie, visite la cabane du pauvre et ne la quitte jamais sans en adoucir le sort ; partout enfin il laisse des souvenirs touchans de son

---

(1) Les trois lignes de places fortes qui couvrent la France vers la Belgique.

(2) Le Prince y était resté en 1792.

(3) M. le maréchal duc de Reggio.

(4) Ce roi qu'on appelait le Bienfaisant.

(5) Louis XIV.

(6) Passant en revue un régiment de la vieille garde, quelques soldats lui témoignèrent leur admiration pour Buonaparte : « *Que faisait-il donc de si remarquable ?* leur demanda le duc de Berry. — Il battait l'ennemi et nous menait à la victoire. — *Belle merveille*, répliqua le Prince, *avec des soldats tels que vous !* »

passage et de sa munificence, aimant mieux faire
quelques ingrats que d'oublier un seul malheureux.

Cependant, une destinée invincible vient sus-
pendre le cours des félicités publiques : un homme,
long-temps l'effroi de l'Europe , apparaît tout à
coup sur nos rivages (1) en agitant un vieux
drapeau ; entouré par le prestige de grands souvenirs , il ose parler de gloire et de Patrie, lui
qui doit perdre bientôt et la Patrie et sa gloire !
Il marche....... et l'aveuglement le suit !..... C'est
en vain que la nation, silencieuse à ses appels,
le proscrit et le repousse; c'est en vain que M.gr
le duc de Berry veut couvrir la capitale et
défendre son Roi ; que Bordeaux voit l'illustre
Héroïne; que le Rhône salue les lys vainqueurs :
une grande leçon devait être donnée ; elle le fut.
Et comme si l'infortune était plus particulièrement
le partage des grandes ames , c'est sur le chemin
de l'exil (2) que nous allons retrouver le Prince,
notre admiration et nos regrets ; placé à la
tête de cette maison militaire qui ne dut qu'à
l'imprévoyance (3) le désordre de ses rangs ,

------

(1) 1.er mars 1815.

(2) Route de Paris à Gand.

(3) Sans attaquer ici personne , on peut dire que les ordres
furent très-mal donnés au moment du départ de Paris, et
singulièrement compris à la frontière.

Charles Ferdinand donne l'exemple de cette résignation qui fait la base des grands caractères. Il vient de quitter un palais somptueux, et il trouve sur son manteau trempé par la pluie un repos qu'on serait tenté de lui envier. Le chemin devient-il difficile dans ces plaines de la Flandre qu'on traverse presque au hasard ? Il sert de guide. Vigilant capitaine, le dernier il quitte la troupe fidèle à la fin de la journée, et le premier il devance son réveil. Enfin, le cri d'alarme se fait-il entendre en sortant de ces murs de Béthune, dernier refuge sur le sol français ? Aussitôt il s'élance......; mais ce sont des hommes égarés qu'il doit combattre, et certain de leur repentir, pour la première fois on le voit s'éloigner d'un ennemi qui admire sa magnanimité autant que sa valeur imprudente (1).

Alost (2) reçut M.gr avec joie, et là du moins

(1) Un corps de cavalerie arrivait à Béthune au moment où la maison du Roi en sortait. Le Prince court seul au-devant de cette troupe, et lui propose de crier *vive le Roi !* Mais voyant que ses efforts sont vains, et ne voulant pas profiter de la supériorité du nombre, il leur dit : « *Vous voyez bien que nous pourrions vous exterminer ; mais vivez tous et disparaissez.* » Un d'eux se mit alors à crier *vive l'empereur et le duc de Berry !* et tous répétèrent ce cri ! Il fallait qu'il parlât fortement au cœur du soldat, le prince qui pouvait allier ainsi le cri de la révolte et celui de la reconnaissance.

(2) Petite ville du Brabant.

l'hospitalité ne fut pas une injure ; c'est là que, tandis que Sa Majesté établissait à Gand le siége de son Gouvernement, on le vit s'occuper sans relâche de l'organisation de la petite armée confiée à sa savante expérience (1) ; non qu'il voulût marcher sous des bannières étrangères, car vous le savez, Messieurs, *il était Français autant que possible* (2) ; mais bien pour conserver au milieu d'elles, ces sentimens d'indépendance et ces souvenirs religieux de la Patrie, toujours si chers à des Princes français !

Si l'Europe en armes se précipitait vers nos frontières et se pressait dans la Belgique, le temps ne nous a que trop appris que les irritations de l'amour-propre et l'avidité des conquêtes dirigeaient ses mouvemens bien plus que la foi des traités. Le Roi et ses fils assistèrent à cette lutte sanglante ; mais ils y furent comme devaient y être les Héritiers du grand Henri, *pour se placer*

---

(1) D'après les ordres du Roi, toutes les troupes qui l'avaient suivi ou qui allaient le rejoindre, étaient cantonnées à Alost et commandées par S. A. R. Ce Prince se plaisait à en surveiller les manœuvres, qu'il commandait souvent en personne ; et soit par la véhémence de son commandement, soit par la précision de son coup d'œil, il rappelait ces manouvriers célèbres, dont la France a fourni les premiers modèles.

(2) Lettre de M.gr le duc de Berry à M. le comte d'Hautefort.

entre les alliés et la France (1). Quels que pussent être leurs justes motifs de plainte, les Bourbons surent tout oublier pour ne plus s'occuper que des maux qui nous menacent et s'empresser de les adoucir : l'étranger entendit leurs prières, comme les champs de bataille devinrent bientôt les témoins de leur sollicitude. Répondez, vétérans de la vieille armée, qui alors fidèles à vos rangs, l'êtes maintenant pour jamais aux drapeaux d'un Roi dont-vous bénissez la clémence et dont vous admirez la justice ! Quel mortel généreux vint panser vos blessures sur ces champs de Waterloo où, malgré l'infortune, restera sans cesse le souvenir de votre valeur ? Quelle main adoucit par ses bienfaits les rigueurs d'une captivité malheureuse (2) ? Quelle auguste influence vous rendit l'objet des soins les plus tendres ? Qui vous conserva pour la Patrie, et à qui devez-vous surtout de vivre encore pour la gloire ?.. Guerriers, vos yeux se mouillent de larmes, et le cri de la reconnaissance fait entendre le nom de Berry !

Enfin, pour la deuxième fois les douleurs nationales s'appaisèrent à la voix des enfans de

---

(1) Proclamation du Roi.

(2) Mgr. duc de Berry fut chargé par le Roi de consacrer au soulagement des soldats français blessés à Waterloo, une somme très-considérable.

S.ᵗ-Louis : Paris revit ses princes (1). L'Europe, envieuse et peu loyale, se retira toutefois à l'appel de la loyauté, et la France tressaillit de joie, parce qu'avec la liberté elle venait de recouvrer l'espérance. Peu de jours de tyrannie avaient creusé des abîmes où l'état devait périr sans la sagesse du monarque, qui seul pouvait tout réparer. Fidèle à sa parole royale, les événemens n'altérèrent point ses libérales institutions : l'élite de la nation fut appelée à la capitale (2) pour connaître les pensées de cœur, et concourir à ses bienfaits ; mais il voulut, dans cette mémorable circonstance, que les premiers objets de ses affections fussent aussi les premiers interprètes de ses sentimens pour la France : M.gr le duc de Berry fut envoyé à Lille pour y présider le collége électoral ; et c'est dans le noble et touchant discours (3) qu'il prononça

---

(1) Le Roi rentra dans sa capitale le 8 juillet 1815.

(2) Chambre des députés de 1815.

(3) Monseigneur dit aux électeurs du département du Nord :
« Le plus aimé de vos Rois, Henri IV, après de longues
» guerres intestines, rassembla les notables de son royaume à
» Rouen, et leur demanda des conseils : ainsi que lui, le
» Roi, mon auguste seigneur et oncle, d'après la constitution
» qu'il a lui-même donnée à son peuple, s'adresse en ce mo-
» ment à vous, et me nomme particulièrement pour être son
» organe auprès du département du Nord. Je ne parlerai
» point de leur fidélité aux habitans d'un pays, berceau de
» la monarchie ; je ne remercierai point de son dévouement

en présence d'un département si fidèle, qu'on trouve, et son amour pour cette charte, base inébranlable de notre législation, et ce caractère brillant du héros (1) dont il invoquait la mémoire, et que maintenant nous avons perdu deux fois.

Fière de l'appel de son Roi et touchée de sa confiance, la nation sut la justifier dignement. On lui parle de dévouement et de justice ? Aussitôt le sanctuaire des lois ne compte plus dans son enceinte que des hommes justes et des citoyens dévoués; et quels que soient d'ailleurs les partis qui la divisent et qui combattent pour

---

» ce peuple qui rappelle si bien ces Francs généreux et guer-
» riers dont il est descendu le premier; je me bornerai à
» vous dire, Messieurs, que le Roi, après vingt-six ans de
» troubles et de malheurs, a besoin d'interroger le cœur
» de ses sujets, dont il juge d'après le sien. Ne pouvant
» réunir autour de lui tous les Français dont il est, vous le
» savez, bien moins encore le monarque que le père, il vous
» demande de lui adresser, non ceux de vous qui l'aimerez
» davantage, ce choix serait impossible, vous y voleriez tous,
» mais ceux qui, dignes interprètes de votre pensée, porte-
» ront aux pieds de son trône cet oubli du passé, cette con-
» naissance du présent, ce coup d'œil dans l'avenir, ce res-
» pect pour la Charte constitutionnelle, cet amour pour sa
» personne sacrée; enfin, cette abnégation de soi-même qui
» seule peut assurer le bonheur de tous. »

(1) Henri IV.

s'éclairer ; la tribune n'entend que des bouches éloquentes et des principes conservateurs.

Toutefois, après avoir préparé le bonheur de son peuple par la garantie de ses libertés, Louis voulut encore que, long-temps dans l'avenir, ses enfans entendissent bénir sa mémoire. L'antique monarchie ne comptait plus que quelques descendans, et pouvait désormais en calculer la trop courte durée. Mais, dans sa royale sollicitude, le monarque sut arrêter le cours d'une pensée, source de toutes les calamités. Deux maisons qui eurent une même origine, et qui furent frappées des mêmes adversités, resserèrent les liens de famille : une Princesse de Sicile (1) fut accordée à M.gr le duc de Berry, et la France salua, dans cette jeune fille des Rois, le gage précieux de la félicité publique : la petite-fille de Marie-Thérèse devait se montrer plus tard.

Si le funeste départ d'un Roi tant désiré, le retour d'un despote, la perte de nos légions, une invasion étrangère, et tous les maux qu'elle entraîne à sa suite, avaient long-temps enveloppé la Patrie et de deuil et d'alarmes, l'histoire racontera à nos derniers neveux quels furent ses cris d'allégresse le jour fortuné où Caroline se montra sur ces rivages dont elle

---

(1) Marie-Caroline-Thérèse, fille aînée du prince royal des deux Siciles, née le 5 novembre 1798, mariée le 17 juin 1816.

devait être bientôt la seule espérance ; tous les maux furent guéris, parce que tout put être réparé. De la Méditerranée aux rives de la Seine, les fêtes se succèdent comme les joies ; partout le peuple accourt pour admirer et bénir l'auguste fiancée. Paris partage les félicités du Louvre, et les envoyés de la nation deviennent pour cette fois les dignes interprètes de ses sentimens et de ses vœux (1).

Avec de nouveaux devoirs à remplir commence pour M.gr le duc de Berry une nouvelle vie : éloigné des affaires publiques, qu'il considère cependant avec l'indépendance d'un citoyen éclairé, c'est de l'intimité de sa famille et de l'amour de sa douce compagne que désormais se composent tous ses plaisirs ; et ici le malheur n'est venu que trop tôt nous révéler ces secrets de deux cœurs, et tout ce bonheur domestique dont les palais sont si rarement les témoins. Qui

---

(1) Ce mariage, désiré depuis long-temps, fut annoncé à la chambre des pairs et à la chambre des députés le 28 mars 1816. Les ministres proposèrent de fixer à un million par an la somme que cet événement devait faire ajouter à l'apanage de M.gr le Duc de Berry. La chambre des députés ayant porté cette somme à quinze cent mille francs par un mouvement spontané, S. A. R. prit aussitôt la résolution de consacrer cet excédant de cinq cent mille francs, au soulagement des départemens qui avaient le plus souffert de la guerre.

n'a lu ces lettres charmantes (1), modèles de grâce et de sentiment, et dans lesquelles un heureux abandon est toujours le gage de la ten-

---

(1) Correspondance entre M.gr le Duc de Berry et la Princesse avant leur entrevue ; ne pouvant la citer toute entière, voici la lettre qui la termine :

« Paris, 9 juin 1816.

» C'est, Madame et chère amie, par un des plus dévoués » serviteurs de notre maison que je vous écris, par un » homme bienheureux de notre union, le bon Prince de » Castelcicala. Je n'ai pas besoin de vous le recommander, » il me connaît bien, m'ayant vu si long-temps en Angle- » terre. Avec quel plaisir je prendrais sa place ! C'est donc » dans six jours que je vous verrai ! J'ai toujours peur » que vous ne me trouviez pas beau, car les peintres de » Paris ne sont pas comme ceux de Palerme : ils flattent. » Avec quel plaisir je presserai votre main ! Pressez aussi » la mienne, si je ne vous déplais pas trop. La contrainte » où nous serons pendant deux jours me gênera bien. Ma » Caroline, je vais m'occuper de votre bonheur, de vos » plaisirs. Je sais que vous aimez le spectacle, j'ai des » loges à tous les théâtres ; j'ai une jolie campagne dont on » vous aura parlé ; nous y irons bien souvent ensemble. » Je chasse souvent, vous y viendrez en calèche ; vous » aimez la musique, je l'aime aussi beaucoup ; enfin, Madame, » je chercherai à vous rendre heureuse, et j'espère y par- » venir. Vous avez, si je dois croire tout ce qui vous a » vue, bonté, douceur, esprit et gaieté : que peut-on de » mieux ? Cependant nous nous trouverons des défauts : tendre » indulgence sera notre devise.

« CHARLES FERDINAND. »

dresse ? Qui ne connaît, maintenant que la haine n'a plus à frapper et la calomnie de poisons à répandre, tous ces soins touchans pour cet ange de candeur qu'il appelait si souvent *sa chère Caroline !* Deux fois devient-elle mère (1), et deux fois n'en a-t-elle que la douleur : le Prince est là qui la console (2), comme plus tard il saura partager ses joies (3). Faut-il visiter des malheureux ? Il l'accompagne pour prendre sa part de la jouissance et pour doubler le bienfait ; il la suit aussi dans les courses du plaisir ; et si, par hasard, le cri de l'humanité vient s'y faire entendre (4), qui ne les voit encore s'en retournant à pied à l'Élisée, après avoir fait placer dans leur voiture un vieux soldat de la garde que son cheval avait blessé.

Tel fut M.gr époux et père ; Prince, il ne vivait plus que pour encourager l'industrie, pro-

---

(1) Le 13 juillet 1817 et le 13 septembre 1818, d'une Princesse et d'un Prince qui ne vécurent point.

(2) A la naissance de sa première fille, M.gr disait à la Princesse : « Ne vous désolez point : si c'était un garçon » les méchans diraient qu'il n'est pas à nous, tandis que » personne ne nous disputera cette chère petite fille. »

(3) Naissance de *Mademoiselle.*

(4) Dans une promenade du Roi, le cheval d'un des dragons de l'escorte s'étant abattu, le cavalier eut la jambe cassée. M.gr le duc et M.me la duchesse de Berry l'ayant

téger les beaux arts, ou répandre des bienfaits : voyez-le parcourant, sous un modeste incognito, tous ces établissemens de la capitale, où il n'est reconnu que par la justesse de ses observations ou les preuves réitérées de sa munificence. Ici, visitant les ateliers des nouveaux Phidias ou des modernes Apelles, et trouvant dans ces arts magiques quelquefois des consolations et toujours un nouveau plaisir. Là (1), devenant la folie du peuple par ces paroles bonnes et familières qu'on croit entendre de la bouche de Henri, et qui nous font adorer ce grand homme. Que si nous pénétrons dans son intérieur, c'est l'élève de Sully que nous y verrons encore : ordre dans

---

rencontré, ils descendirent de leur voiture, y firent placer le soldat blessé, le firent conduire à l'Élisée, où il resta jusqu'à parfaite guérison ; et s'en retournèrent à pied par un soleil ardent.

(1) « Lorsqu'on transporta au Pont-Neuf la statue de Henri IV,
» un accident arrêta l'appareil dans l'avenue de Marigny.
» M.gr le duc de Berry qui se trouvait sur la terrasse de son
» jardin, le long de cette avenue, aperçut *Monsieur* et M.gr le
» duc d'Angoulême au milieu du peuple, dans leur voiture ;
» il descend tête nue, en habit bleu et sans ordre. La foule
» qui ne le reconnaissait pas, ne voulait pas le laisser passer ;
» par hasard quelqu'un le nomma ; aussitôt la multitude
» ouvre ses rangs et le Prince passe en disant : « *Je vous de-*
» *mande pardon, mes amis, c'est mon père et mon frère qui*
» *m'appellent.* » (Mémoire sur le duc de Berry.)

les dépenses (1), générosité pour ses serviteurs (2), que l'absence même ne peut lui faire oublier (3); soins délicats pour ses amis (4),

---

(1) Le Prince apportait dans toutes ses dépenses un esprit d'ordre qu'il étendait jusqu'aux gens de sa maison. Il avait fait établir une caisse d'épargne et doublait la somme qu'on y versait, afin de les encourager à l'économie. Pour lui, ses goûts étaient toujours subordonnés à tout ce que la bienfaisance pouvait réclamer; ainsi, il écrivait à M. Despalière, à Anvers, qui lui proposait d'acheter quelques tableaux : « *J'ai réfléchi à votre proposition et j'ajourne l'emplette ;* » *dans un temps où mes pauvres appellent ma sollicitude,* » *je me reprocherais d'acheter si cher un plaisir dont je puis* » *me passer.* »

Le même sentiment lui avait fait dire au maire de son arrondissement : « *Quand vos pauvres auront besoin de moi , ne* » *m'épargnez pas.* »

(2) « Il avait plusieurs fois signifié à un cocher qu'il ne voulait plus être mené par lui : « *Tu es trop vieux pour tra-* » *vailler.* » Le cocher, non moins déterminé à rester , déclarait qu'il avait une nombreuse famille, et qu'il fallait qu'il travaillât. « *Et que ne disais-tu cela plus tôt ?* s'écrie le Prince : *c'est une autre affaire. J'augmente de douze cents* » *francs ta pension de retraite ; mais, bon homme, je t'en* » *prie, repose-toi.* »

(3) M. de Provenchère, son premier valet de Chambre, n'ayant pu revenir en France, étant retenu aux États-Unis par des infirmités qui ne lui permettaient pas d'entreprendre un aussi long voyage, S. A. R. le nomma son trésorier, quoiqu'elle n'eût point de cassette, afin de pouvoir lui donner une pension.

(4) C'est ainsi qu'il écrivait à M. le marquis de Gontaut :

tout y est admirable parce que tout y est selon le cœur. Mais c'est surtout dans cette ame bienfaisante, dont l'amour de l'humanité fut le principal caractère, que nous devons trouver le plus sublime éloge du Prince que nous avons perdu. L'histoire a conservé de nombreuses mémoires : rois, ministres, généraux, chacun y tient cette place qu'occupe toujours une vaine gloire ; mais elle nous donne peu de noms que les nations puissent bénir. Il était réservé à M.ᵍʳ le duc de Berry d'offrir cet exemple à la France. Depuis le jour où la Providence le replaça aux pieds du trône de St.-Louis, chaque jour fut marqué par un acte de bienfaisance. Que la philanthropie (1) implore sa protection ? Il lui tend

---

« En confiant à la vicomtesse de Gontaut le soin de ce que » j'aurai de plus cher au monde, j'ai cru lui donner une » marque de mon estime particulière, et j'ai saisi avec » empressement cette occasion de montrer à tout ce qui » porte le nom de Biron, combien je compte sur un zèle » et un dévouement auxquels nous sommes accoutumés depuis des siècles. »

C'est ainsi qu'après avoir témoigné au général Levavasseur tout son tendre intérêt sur la perte de son fils, il se rappela encore toute sa douleur, quatre mois après, au milieu des apprêts d'une fête, et recommanda bien *de ne pas lui envoyer d'invitation.*

(1) Il voulut bien être le président de la société philanthropique établie à Paris, et lui donnait un secours de 500 fr.

une main amie et devient le digne chef de ses louables entreprises. Que Condé (1) mourant lui recommande ses braves ? Il saura adoucir leur sort, comme il est fier de lui succéder dans cette association paternelle (2), qui est pour l'honneur un abri contre l'indigence. Qu'un guerrier lui parle de ses services et en sollicite le prix (3) ; que la veuve d'un officier (4) distingué

---

par mois ; mais ne voyant jamais la limite de ses dons que dans celle des besoins, en l'année 1816 il versa à la caisse de cette société la somme de 11,000 fr., comme don extraordinaire.

(1) Par son testamment, fait en Angleterre, le prince de Condé recommandait au duc de Berry ses vieux compagnons d'armes, et c'est à cette époque qu'il lui écrivait : « Sans » doute votre existence est cruelle ; mais nous avons fait » notre devoir. Ce n'est plus à moi, dans la circonstance » présente, c'est à vous à relever l'étendard royal, et à » nous tous à marcher sous vos ordres. Votre extrême jeu- » nesse a pu nécessiter, pendant quelque temps, l'incon- » venance que vous fussiez sous les miens ; mais tant qu'il » me restera un peu de force, je me ferai gloire d'être votre » premier grenadier. »

(2) L'association paternelle des chevaliers de Saint-Louis, dont il fut président après la mort du prince de Condé.

(3) « *Le Roi vous donnera une pension*, disait-il à un vieil » officier qui se recommandait à lui ; *vous voyez bien que* » *j'ai mes sûretés. Je puis vous prêter, et je vais vous payer* » *votre pension d'avance.* »

(4) « La veuve d'un officier distingué gémissait dans l'in- » digence, et voulait, pour obtenir un faible soulagement,

gémisse et qu'il puisse l'entendre ; c'est un besoin impérieux, dans l'ame de S. A. R., que de faire le bien et de se gagner les cœurs.

Eh ! si nous rappellions ces temps des misères publiques (1), où tous les maux d'une occupation étrangère furent augmentés des rigueurs d'une année stérile, qui pourrait alors énumérer les bienfaits ? La cabane du pauvre, le hameau comme la cité deviennent tour à tour l'objet de sa sollicitude, et Mgr ne calcule plus ses modestes revenus que pour connaître s'il lui reste encore quelque chose à donner au malheur (2).

» vendre à la galerie de M.gr le duc de Berry un tableau, » seul souvenir de son époux. *Payez-en deux fois le prix,* » dit le Prince, *mais surtout qu'elle le garde pour penser à* » *celui dont le nom l'honore.* »

(1) 1815 et 1816.

(2) Les charités connues de M.gr le duc de Berry se mon- » taient à plus de 100,000 écus par an ; et beaucoup d'autres » étaient cachées. M me la duchesse de Berry secondait mer- » veilleusement le penchant généreux du Prince. On a » calculé que leurs aumônes réunies, dans l'espace de six » ans, se sont élevées à 1,388,851 fr., somme énorme pour » un prince dont le revenu était au-dessous de plusieurs » généraux, banquiers et propriétaires. Il faut ajouter à ce » million 388,851 fr. que M.gr. le duc de Berry abandon- » nait par an aux départemens qui avaient le plus souf- » fert de la guerre ; ce qui fait deux millions dans le cours » de quatre années ; en tout, près de quatre millions d'au- » mônes. »

Depuis cette époque le temps ne se succéda que pour lui mériter de nouveaux droits à notre amour; et si les infortunés de tous les rangs, ces nobles familiers de l'Élisée (1), pouvaient ici se faire entendre, ils vous diraient: « Berry est notre » protecteur; il brave les dangers pour garantir » nos chaumières (2); sa bonté calme notre dé-

------

(3) Palais où habitait le Prince.

(4) Un jour, en se rendant à Compiègne, il fit arrêter sa voiture pour porter des secours à une pauvre famille dont le feu consumait la modeste habitation.

Et ce ne fut pas la seule fois qu'il s'exposa aux dangers des incendies : « Le 20 mars 1818 , le feu ayant pris à » Lodéon , M.gr le duc de Berry s'y rendit en toute hâte; » et non content d'encourager par son exemple et ses dis- » cours le zèle des militaires et des travailleurs , il voulut » récompenser les personnes qui avaient le plus souffert : dès » le lendemain il envoya à M. le marquis de Sémonville la » somme de 2,000 fr. pour être répartie de la manière la » plus convenable.

» Dans le mois de septembre 1819, le feu prit aux mes- » sageries; le Prince s'y rendit aussitôt, et s'avança d'une » manière très-imprudente dans les endroits que la flamme » dévorait : un gendarme, qui ne le reconnaissait pas, le » frappa rudement en lui disant de se retirer. Le Prince » resta jusqu'à cinq heures ; et comme il avait eu toute la » nuit les pieds mouillés, il fut obligé de garder la chambre » pendant trois ou quatre jours. Il envoya, le lendemain, » au maire de l'arrondissement, une somme de 3,000 fr. à dis- » tribuer aux blessés et aux pompiers qui s'étaient le mieux » conduits.

» sespoir (1); nos enfans sont les siens (2); l'hiver
» n'est plus l'objet de nos craintes, ses secours
» en ont prévenu la rigueur ; hier encore il
» nous prodiguait ses soins, aujourd'hui peut-
» être........ » Mais quel coup de foudre vient de
se faire entendre ?.......... Peuple d'infortunés ,
cessez vos chants d'allégresse : votre bienfaiteur
va mourir !..... Oui, le duc de Berry est frappé (3),
Messieurs ; un monstre impitoyable (4) s'est rencontré sur cette terre si fertile en mortels généreux ! Le deuil et le désespoir succèdent tout à
coup aux plus brillantes fêtes. Mais n'attendez
pas que je vienne retracer à vos cœurs, et ces
derniers momens d'une vie , qui sont seuls une
vie toute entière, et toutes ces royales douleurs,
et tous ces gémissemens d'une capitale , éloquens

---

(1) Le Prince passait sur le quai au charbon au moment
où un charbonnier allait se noyer, par la perte d'une somme
de 400 fr., sa dernière ressource. Il s'approche de cet homme
qu'on retient, lui fait remettre l'argent qu'il a perdu, et le
conserve ainsi à l'honneur et à sa nombreuse famille.

(2) Un jour, M.gr le duc de Berry accompagnant la Princesse, une pauvre femme se présente à eux ; elle a deux
filles ; la plus jeune s'approche de M.me la duchesse de
Berry, d'un air assez familier : « *Je m'en suis chargée*, dit-
» elle. *Bien*, répondit le Prince, *j'aime à vous voir aug-
» menter notre famille.* »

(3) Le 13 février 1820, à l'Opéra.

(4) Louvel.

interprètes des gémissemens d'un grand royaume, et ces cris d'indignation d'une armée qui comptait sur la vaillance du Prince, et qui connaissait sa bonté! Non, l'on ne saurait qu'affaiblir ce que l'imagination peut à peine comprendre. Mais qu'un céleste rayon vienne bien plutôt percer tous ces voiles funèbres, et que l'espérance nous console, s'il se peut, de tout ce que le présent nous enlève. Oui, France, relève ta tête abattue, éprouve une secrète joie au milieu des plus amères douleurs : tes rois feront long-temps encore et ton bonheur et ta gloire! Oui, Berry n'est plus, et nos regrets l'accompagnent; mais le héros mourant n'a pas voulu entraîner tout notre avenir dans sa tombe : bientôt Berry va revivre; le lis sacré va refleurir! Et vous, auguste fille des Rois, maintenant le dernier soutien d'une grande nation; vous, nouvelle Agrippine d'un autre Germanicus, entendez et comblez les vœux de la Patrie reconnaissante.

F I N.